UNA VISIÓN DE BELLEZA

Kalá del Sol

UNA VISIÓN
DE
BELLEZA

Kalá del Sol

MANDALA
EDICIONES

UNA VISIÓN DE BELLEZA

© Kalá del Sol

© de esta edición: Mandala Ediciones
Tarragona 23. 28045 Madrid - España
Tel: +34 914 678 528
E-mail: info@mandalaediciones.com
www.mandalaediciones.com

Fotografía de la portada: Dorlon Peckham

I.S.B.N.: 978-84-8352-350-6

Depósito Legal:

Imprime: Publidisa

DEDICO este libro a la Vida, a mis fuentes de inspiración...
a Madre Terrenal
al Sol, a la Luna, las Estrellas, a todos los Planetas,
al Universo, a la Luz que ilumina mis días...
a los seres que sufren y a toda la Humanidad...

Lo dedico a mis padres y a mi familia, Carlos, Daya, Leroy,
Dylan, June, Serge, Eli...
a todos mis amigos...
y también a los que día a día me acompañan en Facebook...

CONTENIDO DE

UNA VISIÓN DE BELLEZA

Kalá del Sol

▮▎ ACERCA DEL LIBRO ▎▮

¿Soy yo quien escribe?
O es el aliento en su aire y movimiento que sale por mis dedos
como una marioneta movida por la voluntad inmensa
de expandirse y otorgar...
Tal vez me olvido de la palabra 'yo' cuando lo hago
Porque escribir es una melodía dentro de eso que somos
Un regalo...
Una forma dentro de la forma magnífica y hermosa
que es la Vida

La inspiración que me guía se va volando
a vibrarlo en otros seres...
a recorrer otras vidas...

El arte de vivir más preciado es el que surge
de la Claridad de Consciencia
y te lleva a fluir en el manantial de la Belleza
y a amar la Vida sin condiciones.
Y es lo que quiero traspasar de alma a alma
a los que se acerquen a mis palabras.

Mi mensaje es un llamado a la Humanidad para construir juntos
un mundo donde al fin sea posible vivir en paz, unidos por el Amor.

Por eso el libro no trata del 'más allá', ni de conseguir algo muy
distante e imposible, sino de lo que pasa en nuestro interior,
de la Vida tal cual es, de lo que es posible clarificar
para vivir en paz y con armonía.
Porque para que este movimiento de Amor sin condiciones ocurra,
tenemos que comenzar desde nuestro interior.

Me apoyo fundamentalmente en lo que a mí me ha servido para ir
respondiendo a mis inquietudes de 'sufridora'.
Son verdades que he ido encontrando en mi propia búsqueda
a través de mi experiencia.
Me inspira la Vida y mi Esencia de mujer que fusiona la mente
con el Corazón e invoca lo femenino en el alma masculina.
Es mi legado hacia el mundo luminoso que todos anhelamos
y en el que deseamos vivir.

La claridad de entendimiento se expresa con simpleza,
por eso he utilizado expresiones sencillas y directas,
para que mi mensaje se comprenda fácilmente.

Aclaro brevemente los conceptos que utilizo:
El Corazón es puro Amor
El Amor es impersonal, sin objeto y sin condiciones y se manifiesta
en todo lo que existe, es la sustancia de la Vida.
El Alma es a través de la cual percibimos nuestra condición humana,
lo que sentimos.
Mente emocional es la que se forma a través
del condicionamiento infantil.
Presencia Consciente es estar totalmente presente y despierto.
Claridad es Iluminación.
Ser Consciente es vivir la Claridad.
Dios incluye todo, absolutamente todo lo que existe y está vivo,
lo absoluto, lo eterno.
Vida es Dios.

◼

El libro en su totalidad nos guía en el proceso de Claridad.
Son siete los temas centrales:

LA NATURALEZA DE LA VIDA
Nos revela quiénes de verdad Somos, seres Cósmicos
parte de la totalidad del Universo.

ACERCA DE LAS RELACIONES
Clarifica cómo funciona nuestro interior
y que es lo que conduce las relaciones.

LA NATURALEZA HUMANA
Desvela cómo estamos influidos por creencias falsas
y del miedo y la indefensión que produce la creencia
de estar separados de la totalidad de la Existencia.

EL BIENESTAR
Contiene indicadores simples para una Vida plena.

VIVIR LA CLARIDAD EN EL PRESENTE
Exploramos a fondo el funcionamiento
de los mecanismos de la mente emocional
para entender cómo se produce el sufrimiento.

EL ARTE DE VIVIR EN LA BELLEZA
Nos conduce a comprender la identificación con la mente emocional
para intentar aliviar el dolor y la oscuridad que causa.
Incluye LOS PASOS, una parte esencial del proceso que
he formulado para des-identificarnos de la mente y vivir en paz.

PALABRAS FINALES
Son la vibrante expresión de cómo vivo la Vida,
lo que significa para mí. Y aunque es así como siento,
también afirmo que lo que transmito es una Verdad Universal,
ya fue dicho, se dice, se seguirá diciendo...

El planteamiento es vivencial y surge de una integración
psicológica, espiritual y natural, al mismo tiempo que apela
a la evocación poética y metafórica y a la belleza,
para ampliar el horizonte de reflexión y entendimiento
en los que sienten el llamado a vivir como seres Conscientes.
El libro no corresponde a las formas clásicas de desarrollo literario,
más bien es espontáneo, intuitivo e improvisado.
No fue construido respondiendo a un plan
o a una estructura predeterminada.

Muestro un camino para vivenciar un movimiento de Consciencia,
de la mente emocional, a ser guiado por la Intuición del Alma;
del tiempo pasado y futuro, al Eterno Presente,
que lo vivas desde tu interior, como una experiencia vital
y puedas percibir lo que significa la Claridad.
Un espacio a partir del cual tu Visión de las cosas
hace un giro radical y desde donde surge el estado de serenidad
y las respuestas de tu búsqueda.

En mis palabras reflejo la Visión de Belleza con la que siento y veo
lo que nos rodea, la pasión por vivir con intensidad cada instante,
nuestra comunión con la Naturaleza,
y este Amor Incondicional por la Vida que vibra en mí
y que quiero reflejar en ti como un espejo de Claridad.

Todo está en ti

   Solo necesitas verlo, reconocerlo
   y simplemente, ser lo que ya Eres
   Abrazando lo que ocurre y amando lo que somos
   con total entrega

LA NATURALEZA

DE LA VIDA

▮1 Y TÚ, ¿DÓNDE VIVES?

Este es un llamado para DESPERTAR
Y ser Conscientes de quien verdaderamente Somos...
Aquí, ahora y en nosotros
está todo lo que anhelamos encontrar
La búsqueda es inútil, ya lo tenemos todo

Te doy la verdadera dirección:
Tu hogar se encuentra en el Planeta Tierra, el Planeta del Amor.

Muchos lo llamamos Madre Terrenal porque nos mantiene vivos,
como una madre nos atrae hacia Ella y nos sostiene,
aupados y alimentados, no nos deja ir jamás.
Nos nutre el Alma y el Cuerpo. Siempre estamos aquí.
Somos Naturaleza. Vivimos en el Amor.

Nuestro hogar está situado en el espacio Infinito del Universo.
Cuando caminamos sobre el Planeta,
cuando dormimos, cuando reímos y lloramos,
estamos inmersos en la Infinitud del espacio Cósmico.

Somos seres Cósmicos, vivimos en el Planeta Tierra,
situado en el Universo
en el espacio de la Eternidad.

¿Existe algún otro lugar?

¿Y QUIÉN TE DA LA VIDA?
A través de tu madre y de tu padre estás aquí. Sí.
Pero, ¿quién te da la vida?
¿Quién decide cuando te la quita?
¿Quién ha creado el Sol, la Luna, las Estrellas?
¿Quién nos da el Aire que respiramos?
¿Y los frutos de los árboles?

Dime... ¿Quién te da la Vida?

▮I DIVINA MADRE TERRENAL

Madre Terrenal
tú mereces el amor de todos los seres
que de ti nos nutrimos...
Gracias por la Vida Madre Divina
Gracias por tanta belleza
por tu Amor Incondicional...

Te honro cada día, tú eres la Madre de todo ser viviente
Nuestro útero... Nuestro Hogar...

La Madre Terrenal está en ti, es la visión de tus ojos,
es el sonido que escuchas, es tu cuerpo, son tus huesos;
y también lo son los alimentos que te llegan con el Aire, con el Agua,
con los frutos, con el calor del Sol.
Y tú, estás siempre en ella y cuando dejes tu cuerpo,
en ella quedará.
Aquí es donde tenemos todo lo que necesitamos para estar vivos.
La luz del Sol que nos vigoriza,
la frescura del Agua cristalina que nos purifica
y calma las emociones,
el Aire que nos respira y nos inspira con susurros,
la Tierra que nos alimenta con sus frutos.

Confía... recibe... toma... acepta...
Siente el Aliento azul del Aire fresco, que del cielo baja
y suspira embelesado entre las flores de los árboles...
Escucha cómo susurra cuando roza la cima de las montañas...
Mira cómo hace danzar los árboles y luego reposa
dormitando sobre la falda de los valles
descansando en las colinas y en los bosques...

Recibe en quietud, como la muda rama de un árbol,
que no se escapa del rugido del viento, ni huye al caer la nevada,
ni se angustia cuando la tierra no ha sido bendecida por la lluvia
y se agrieta.

▌I RECORDAR QUIÉN ERES

Recuerda tu origen cada vez que inspires el Aliento divino...
Recuerda tu origen cuando rías y cuando llores...
Cuando el sol te acaricie, recuerda quién eres...

Si lo que todos deseamos es el Amor, la alegría, la risa, la belleza
¿por qué nos hemos alejado de ese camino?

El sufrimiento se origina cuando el 'yo' se siente separado
de la Fuente Creadora de la Vida,
en la que siempre está inmerso, de la que nunca se ha separado,
aunque no lo recuerde.

Al nacer somos Uno con la Vida, no conocemos la separación,
estamos unidos con todo lo que existe y en absoluta fusión
con nuestra madre en cuyo útero nos formamos.
Con la palabra aparece la dualidad
y comenzamos a sentirnos divididos;
nos muestran lo que es bueno y lo que es malo,
lo que es bello y lo que es feo,
nos enseñan a uniformarnos por fuera y por dentro;
nos dicen que hay que luchar y esforzarse por conseguir,
que nada nos protege.
Y a partir de la palabra, nos guía la mente.

Por el camino de la mente,
poco a poco vamos ignorando el lenguaje del Corazón.
Olvidamos la Unión con el Todo,
la fusión con la Fuente Creadora que nos inspira,
dejamos de ser guiados por la Intuición espontánea
que es la voz del Corazón.

A partir de este momento, el anhelo inconsciente de re-unión,
de Unidad se hace permanente,
y se transforma en una lucha, para lograr no sentirnos separados.

Entonces lo que hacemos es intentar llenar ese vacío,
una y otra vez, a través de sustituciones,
que nunca llegan a saciar el alma.

Cuando te percibes solo, separado de todo, ignoras el porqué,
el origen de ese sentimiento.
En la desesperación de sentirte perdido, tus esfuerzos
destinados a 'ser mejor' y lograr 'más'
se hacen interminables y frustrantes.
Y es posible que en algún momento se haga evidente que:
    alcanzando 'logros' o no teniéndolos,
    estando solos o acompañados,
    con o sin dinero;
    en circunstancias tranquilas o desgraciadas,
hay algo que siempre duele, que no termina de saciarse,
que anhela 'otra cosa'...

¿Puede acaso una gota que se siente separada del Océano
hallar la plenitud?

Podríamos revertir instantáneamente este estado de ceguera,
simplemente comprendiendo que la 'separación'
nunca ha tenido lugar, ha sido siempre una ilusión.
En cada gota encontramos el Universo.

Y la buena noticia es que:
Dentro nuestro vive la memoria ancestral
de nuestra verdadera Naturaleza.
Aunque no lo recordemos —y por fortuna—, la Unión con el Todo
permanece grabada en cada una de nuestras células.

Y es re-encontrando y reconociendo la Identidad original
cuando llegamos a los fundamentos de nuestro origen.
Es como un viaje circular donde retornamos al punto de partida

    de Ser...

            a no ser...

                    para retornar a Ser

▮I LA ORACIÓN

Aun en la ciénaga del alma
Brilla una estrella ...
Entrégate a lo que sucede y la verás
Acepta que la Vida es cambio constante
Siempre hay una Luz que ilumina

Cuando sientes que tienes carencias,
es porque crees en la 'sensación' de no ser completo.
Y esto hace surgir una impotencia,
una impresión de desprotección, de indefensión
y el tan cruel miedo a vivir.

Por eso inventamos la oración,
para pedir ayuda afuera.
Queremos creer que existe algo más que este Cuerpo vulnerable,
para confiar que no hemos sido abandonados.

Al pensar que estás desunido de todo lo que existe, surge el pánico.
Sientes que eres una persona sola, autónoma
y que fuera de ti están los otros y el mundo.
Esta suposición —pues es tan solo una idea falsa—, te confunde
y por eso te llenas de dogmas y convicciones engañosas
por las que te dejar guiar.

No te das cuenta que vivimos todos juntos, interrelacionados,
Unidos a la Vida,
en este Planeta de Amor, la Tierra.
Donde tenemos todo lo que necesitamos
para sobrevivir y experimentar.

Sin percibir que somos totalidad dinámica ocurriendo,
y que en ese movimiento todo se va dando,
las cosas se van acomodando,
y todo va cambiando constantemente.

No es que la Vida 'nos juegue malas pasadas',
somos nosotros los que juzgamos
y creemos que los conflictos son para siempre.

Se reza por miedo a perder, por miedo a no conseguir
Por no recordar nuestro origen...

▮I LA OSCURIDAD

Deja que la Luz de la Vida
Ilumine tu Camino
Y permite que tu Corazón sea quien te lleve

¿Qué hacer cuando la mente se hunde en la oscuridad?
Recuerda siempre que la oscuridad es un momento de reflexión.
En esa aparente ceguera es cuando todo se profundiza
y nos damos cuenta de las cosas.
Y al darnos cuenta, todo se aclara otra vez.

Cuando comprendemos esto, ya no tememos la oscuridad,
por lo contrario, aprovechamos ese momento
para tomar distancia, ver y resolver.

La oscuridad es solo ausencia de luz momentánea.
No está separada de la luz.
De la luz a la oscuridad y de la oscuridad a la luz:
así es como funciona el misterio, en el movimiento constante.

No permitas que el pánico te aprese cuando no ves claro,
cuando hay dolor y confusión.
En días nublados y tormentosos, a veces uno se pone triste,
pero en cuanto brillan los primeros rayos, el Corazón se alegra.
Así como un día nublado se convierte en un día con Sol,
los dolores también se transforman en alegría.
La confusión abruma, pero cuando las cosas se aclaran,
respiramos con alivio.

Nos perdemos en la oscuridad,
porque no nos acordamos que la luz regresa.

Dice un Zen '*koan*':
     '*El sol ilumina la noche cerrada*'

En el momento más cerrado de la noche,
hay una luz que se aproxima.
Todo es pasajero.
Nada soluciona el sufrir por adelantado.

Todos los problemas se originan en LA MENTE EMOCIONAL,
en los pensamientos.
Como cuando imaginamos y damos por cierto
que algo que nos asusta irá a suceder,
dando crédito a una suposición acerca de algo
que aun no ha ocurrido
y probablemente tampoco ocurrirá.

Vamos moviéndonos de experiencia en experiencia.
Lo que nos va sucediendo es lo que tenemos que vivir.
Cuando decidimos 'si nos gusta vivir esto o no',
estamos haciendo un juicio de valor,
condenamos lo que pasa.
Las cosas son como son, no como uno 'quisiera' que sean.

Más vale en esos momentos acuérdate que todo pasa,
que luego de esta oportunidad de Visión más profunda,
el brillo de la claridad volverá.

Y recuerda también que en la Naturaleza de tu Cuerpo y del mundo
hay una divina Alquimia siempre funcionando,
y en esa Alquimia todo se resuelve.

No pasa nada, no hay 'problemas', lo que hay son situaciones.
Nada es realmente tan importante,
al ser todo efímero en la vida mundanal.

Nada ocurrió (tus recuerdos),
ni ocurrirá (el futuro).

> *Todo lo que hay es movimiento ocurriendo*
> *Todo aparece, se esfuma y desaparece*
> *en el juego Cósmico de la Vida...*

■1 INFINITAS POSIBILIDADES

La Vida es movimiento perpetuo
Cuando algo parece terminar
Viene lo nuevo
Cada día trae un nuevo Amanecer
Ábrete a lo Desconocido

Para quitarnos el miedo a la pérdida,
a que la muerte nos arrebate lo que amamos,
a no tener con que sobrevivir,
es preciso comprender que perder y ganar, tener y no tener,
vivir y morir, van siempre juntos, son inseparables,
se interconectan en la danza permanente de la Vida.

En realidad no se pierde, ni se gana nada.
Se vive, se experimenta.

Por otro lado, nadie tiene un certificado de garantía
asegurándole Vida eterna a su Cuerpo, todos hemos sido
advertidos de las leyes del juego y sabemos que estamos
invitados a participar de esta fiesta, por un rato solamente...
Y nadie sabe cuánto durará ese rato,
ni cómo se desarrollarán los hechos.

La Vida es igual a cualquier fiesta,
en algún momento nos tenemos que retirar.
Mientras tanto y si somos Conscientes
de esta maravillosa oportunidad de experimentar
innumerables vivencias y situaciones,
¿por qué negarnos a aceptarlas tal cual son y se presentan?
Si todos sabemos que lo que podamos vivir en este mundo
es efímero y que no nos llevaremos nada al morir.

¿Quién puede atreverse a desafiar
el movimiento de la vida tal cual es?

No es posible...
Así que te sugiero que te entregues y te relajes sin más.
Esto si hará que encuentres todas las soluciones posibles.
La mejor manera de escapar de los problemas es resolverlos.

La Vida es posibilidad infinita.
Experiencias constantes.

Si vas por un camino, no es que pierdes el otro.
Simplemente caminas y la Vida va ofreciéndote lo nuevo.

Enfoca tu visión con los ojos de un niño que nada espera,
simplemente recibe, experimenta.

Vivir es un continuo fluir, un viaje.
Vamos parando en distintas estaciones,
viviendo lo que cada una de ellas nos ofrece;
y luego seguimos el trayecto,
nada acaba allí, la dinámica es constante.

No se puede decir, 'esta vida no me gusta',
'¿hay alguien que me la cambie?'
Si tienes que pasar por algo que 'no te gusta',
la única solución es cambiar el *chip* y decir,
'Sí, 'esto es lo que está pasando, es lo que hay
y lo resuelvo de la mejor manera posible,
sin perderme, sin martirizarme,
sin pensar que solo 'a mí' me ocurren estas experiencias'.

▌I LAS LEYES DE LA MATERIA

Somos criaturas de la Tierra
navegando a bordo del Espíritu...
el Sol es nuestro Corazón...
No tenemos edad
y al mismo tiempo somos muy antiguos
pues nuestros ancestros viven en nuestras células...

Cuando siembras semillas,
das a la tierra para que te devuelva frutos.
Y aunque las cosas han cambiado
y tal vez no podamos recoger los frutos de los campos dorados
donde ondea el trigo danzando su romance con el viento,
lo que sí podemos es intercambiar, ganar nuestro sustento
ofreciendo algo a cambio de lo que necesitamos.

Si no tienes tierra para sembrar,
si hoy la Ley de la sociedad es el dinero,
bendito y bienvenido sea,
pues el dinero es ahora como el Quinto Elemento,
no se puede vivir sin él.
Por eso vas a la calle, encuentras trabajo,
intercambias servicios o habilidades;
o creas un producto y lo vendes,
dejando que surja en ti la creatividad y la inspiración,
que es algo con lo que también cuentas.
Si te mueves relajado y sin expectativas,
con una visión amplia y optimista,
verás que aparecen múltiples oportunidades de intercambiar
con los demás, los que, por otra parte,
te necesitan también a ti para lograr sus objetivos.

La Vida aporta, tú aportas, los demás también
y así se manifiesta para todos lo que necesitamos.

Lo que te tortura cuando trabajas
son los pensamientos emocionales,
la prisa, el querer llegar más allá de donde puedes,
la ambición de lograr más y más
y nunca sentirte totalmente satisfecho con los resultados.
Exigirte cumplir con los objetivos marcados, sea o no posible.
Competir para ser mejor que otros.
Comparar tus resultados y sentir que 'pierdes'.
Desear lo que tienen los demás y sufrir por ello.

Lo único que tenemos que conseguir
es lo que nos hace falta
lo que vamos necesitando...
Lo demás sobra...

Todo es tan simple en el eterno transcurrir de la vida.

▌| NO ESTÁS SEPARADO

En el espacio Cósmico
Están las caras de todos nuestros padres y madres...
De todos los ancestros...
Y si miras aun más
Están sus miradas en los ríos y en los cielos...
En la luna y las estrellas...
En todo estamos unidos como Un solo Ser
Hay una sola Vida
En ella estamos todos...

Hay una Fuerza Vital, un Poder que nos trae a la Vida,
nos la mantiene,
y a quien finalmente se la tenemos que devolver.
Lo único que permanece eternamente es el Aliento que creó
y mantiene nuestro Cuerpo vivo,
     la Consciencia absoluta
     lo Infinito
     lo que nunca muere
     la VIDA
     DIOS
Elige tú mismo el nombre que usas
para explicar el misterio de la Existencia.

Aun cuando nuestro Espíritu nunca muera,
no es algo personal, no hay propiedad.
El Espíritu, nuestra Esencia, es algo inefable e invisible
que penetra todo lo que está vivo.
Está en ti y en todos. El Ser, la Esencia, el Espíritu se hace visible
en lo que se nos manifiesta, en lo que vemos, percibimos, olemos,
comemos, sentimos, hacemos, en todo lo que vive.

¿Puedes reconocer que eres una parte integrante,
con un rol en el Guión Terrenal?
O tal vez te sientes solo y aislado, débil, fuera de la Gran Película.
¿Tiene sentido seguir sosteniendo de que eres una entidad autónoma
fuera y separada del Todo?

▮1   CUANDO HAY AMOR

La Vida se transforma en un jardín de alegría
si permites que el perfume del Amor
penetre en tu Corazón...

Cuando hay amor, no hay distancia.

El Amor Incondicional nos recuerda
que somos un solo Organismo,
un solo Corazón,
que late al son del Planeta, al son del Universo.
El pulso de la Vida vibra con su ritmo
en el latido sagrado de la Naturaleza,
en nosotros.

Su efecto es la gratitud del Alma, una inspiración de Amor puro.
Sin necesidad, ni motivación, sin deseo.

Es como un manantial de frescura y sorpresa, de risa interior.
Te sientes rico, privilegiado con lo que tienes, con lo que vives.
Entonces te entregas voluntariamente a ser como un barco,
acunado por las olas de la Existencia...

Cuando la mente sigue el sonido del Corazón sentimos
la melodía de la Belleza y el resultado es la armonía...

¿Hay algo mejor que este Amor vibrante,
que bulle en el interior de nuestro ser?
¿Hay mayor perfección que la Belleza de la Vida?

❚❚ ESTÁS YA EN TU HOGAR

Ya estás en casa
No existe otro lugar que aquí
donde estás ahora
ni algo que buscar que no seas tú mismo...

No hace falta mirar al Cielo cuando hablas de Dios,
siéntelo dentro, en la Vida que vibra en tu Cuerpo,
en el palpitar de tu Corazón, en la risa que surge y te renueva.
Siéntelo en la Madre Terrenal que te sostiene y sustenta.

Eres de la misma sustancia Cósmica
que la Luna y las estrellas...
Vives en el Universo, junto a Júpiter, Venus,
e innumerables Planetas que no alcanzas a ver,
rodeado de montañas que nunca llegas a escalar,
respirando el mismo Aire que incontables animalitos,
peces, plantas, flores,
que nunca llegas a tocar.

Ahora es el momento de dejar de ver a Dios,
como separado de ti y a ti como separado de los demás.
No existe nada en el Universo que esté separado,
todo está interrelacionado, en contacto irrevocable,
todo es interdependiente, de manera dinámica e interactiva,
entrelazando la estructura de todo lo que existe.

Solo cuando eres Consciente de ser quien Eres,
se hacen realidad tus anhelos de dicha y paz.
Es cuando te reencuentras con tu esencia Real,
y puedes experimentar, como ser humano,
el éxtasis de tu Unión con Dios y con todo lo que existe.

A partir del momento en que experimentas esta revelación,
vuelves a sentir que tu Naturaleza y la Naturaleza de la Vida,
son Una.

Toda tu Visión cambia.
Amarás cada respiración,
te deleitarás con la inmensidad de cada amanecer,
y te sorprenderás cada vez que miras el cielo,
maravillado por tanta magnificencia.

Sentirás el milagro de la Vida en cada bebé que nazca,
en cada ser que mires.
Te renovarás al nadar en las Aguas divinas,
al dejarte llevar por las olas.
Y escucharás como el Aire, el Agua, la Luna,
te susurran inspiraciones de Belleza y claridad.

No te dará ni miedo ni pena dejar tu Cuerpo, te irás en paz,
agradecido de haber tenido el privilegio
de conocer la Vida Terrenal.
Consciente de tu última respiración.

La Unidad con Dios es absoluta, completa
Fue, es y será
Para ti y para mí, para todos

Somos Uno Eternamente

Vive Consciente de ser quien Eres
Conviértete en un mensajero de Amor y Claridad

ACERCA DE

LAS RELACIONES

▮I   YO SOY EL AMOR

A veces ni siquiera notas mi Presencia...
Estoy en todo lo que te rodea
incluso en tu Corazón

Soy el Amor viviente, la esencia de este Universo
la energía de este Planeta
Soy quien hace surgir el Sol e iluminar tus días
Y soy la lluvia que limpia los campos y los alimenta

Algunos creen que soy la flor, pero también soy la semilla
el abono que vitaliza la Tierra y el Agua que la nutre
En el cálido brillo de la Luz hago que todo florezca

Con las alas del Aire vuelo y te respiro, te refresco y te acaricio
En las noches frías, soy el fuego de la chimenea
y también te envuelvo en el abrazo de tu amado
mientras entretejo la pasión de tus sentidos y vitalizo tu vivir

Estoy en la mirada de los niños, en la sonrisa de tus padres
Elevo el ánimo de los enfermos
Abrazo al recién nacido

Soy frágil como una flor y más fuerte que el acero
Estoy en tu Corazón que es como la flor, frágil y fuerte
Como el rocío de la mañana, me poso en tus sentimientos
y florezco en tus sueños, te cuido para que no te marchites

Soy el Aire que ríe con alegría en tu Cuerpo
y te inspira a mirar con Belleza
y la mano que se extiende y te acaricia cuando lloras

Y aunque a veces me ignoras y no tienes fe en mí
yo permanezco siempre en ti...
Esperando que me sientas...
que me percibas, que me veas y me escuches...

Porque Yo estoy en todo...

El miedo te aleja de mí y cuando desconfías y te aíslas
no puedes sentirme y te entristeces...
Sin embargo aquí estoy, en tu anhelo por vivir
mostrándote el camino al Paraíso, que soy Yo
el Amor Verdadero...
que mora en tus entrañas

Encuéntrame, estoy en ti...

    Soy el Amor

Versión Libre de Poema Anónimo

▮1 CONOCERSE A FONDO

Nos pasamos la Vida buscando
fuera y lejos de nosotros mismos
...persiguiendo burbujas...
en lugar de sumergirnos
en la inmensidad del océano interior...

Es preciso tener certeza y claridad
acerca de quién uno realmente Es,
en lugar de seguir pensando en como uno 'cree' ser.

Saber 'quien Eres' significa conocerte como ser humano
en el nivel más profundo, conocer tu verdadera Naturaleza,
y entender que no estás separado,
para vivir Consciente.
Al mismo tiempo, reconocer tus sistemas de creencias:
sin aceptarlos ciegamente, cuestionando su validez, su eficacia.

La 'personalidad' con la que nos presentamos a los demás,
es una identificación externa, una construcción posterior,
diferente a nuestra verdadera esencia,
ya que depende de cómo ha sido nuestra infancia,
la educación y el entorno.
No es nuestro verdadero Ser.

Para reencontrarnos es importante reconocer esa influencia
que nos condiciona, entenderla y aceptarla.
Otra posibilidad es seguir rechazando nuestro Destino,
mantener vivo el resentimiento, la rabia y por lo tanto el dolor,
que tanto cuesta soltar.

Cuando interpretas lo que sucede,
inspirado inconscientemente
en la identificación con los recuerdos,
estos se ven a través de un lente de deformación
que causa la ceguera emocional y tiñe de oscuridad tu presente.

Este sufrimiento emocional, no solo te hace sufrir a ti mismo,
sino que también hace daño a los demás.
Es mental, artificial, basado en 'razones' que ya fueron,
no es verdadero.

Al no actuar desde el Corazón, no vives espontáneamente,
que es la manera sincera de vivir,
sino que te mueves por re-acciones
que son elaboraciones secundarias,
porque ocurren después de los hechos.
No es una respuesta directa y espontánea.
Y como sigues re-accionando, acorde a lo que
'crees' que te está sucediendo,
y a lo que 'sientes' que te 'hacen' los demás,
el circuito 'defensa-ataque' se convierte en un círculo vicioso.

Todos somos iguales,
más allá de que también y al mismo tiempo,
seamos únicos e irrepetibles.
Por lo tanto, al conocer en ti mismo que es lo que provoca
el sufrimiento emocional,
también entenderás cómo funciona lo falso en el otro
y podrás comprender a los demás.

Si tu intención de celebrar la Vida es inquebrantable,
tienes suficiente motivación como para inducirte
a conocer tu historia.
Presta atención de no regodearte morbosamente en ella,
porque la mente es un cubo de basura sin fondo,
y nunca terminarás de escarbar.

El propósito es encontrar los HECHOS que te han afectado
reconocerlos y reconciliarte con lo que pasó,
como un trabajo de investigación,
sin romanticismo, ni sentimentalismos.

Para conocerlos e impedir que sigan afectándote.
No para volver a sufrirlos.

Nadie escapa del condicionamiento,
siempre hay algo por detectar y disolver.
Es un mirar, como si se tratase de la biografía de otra persona.

Es obvio que al principio de este Proceso,
los recuerdos duelen y uno tiene la tendencia a 'preferir' seguir
con los recuerdos bloqueados,
antes que tocar la herida para sanarla.

Por eso hay que ser muy valiente,
tener muchos deseos de sentirse bien
y además tener paciencia con uno mismo,
porque este análisis lleva un tiempo
que no depende de la voluntad.
Entretanto, es probable que sigas 'metiendo la pata',
y defendiéndote de 'presuntos ataques'.
Evita juzgarte por esto.

Al completarse el Proceso, todo se calma,
y encontrarás la disposición a *asentir* y reconocer lo que pasó
como parte de tu Destino.

Sea lo que sea lo que lo constituya
esta es una posibilidad de liberarte de esta carga
y vivir la Vida con Plenitud, con toda su Belleza

> *Tu Vida comienza hoy…*
> *Acepta el pasado y déjalo atrás*
> *Reencuéntrate…*
> *Confía en el poder de la Vida*
> *abre tus alas…*
> *permite que el viento te lleve…*

▮▯ DESLEALTAD

Mira cómo se refleja tu Belleza
en todo lo que tu mirada pueda ver
Oye los sonidos de tu Ser en todo lo que escuches
Estás en todo…
ABRE LOS OJOS
Permite que la Luz de tu alma
impregne con su brillo tu vivir

En cuanto a seguir dudando de ti mismo,
déjame decirte, que es la manera
más insidiosa y destructiva de dudar
y al mismo tiempo la excusa para seguir en la miseria interior
e interferir con el movimiento de la Vida.
Porque pegar el gran salto y ser Consciente, requiere valentía,
entrega Incondicional, largar todo y cualquier cosa
que se interponga en tu espacio de paz y Claridad.

Todos quieren 'iluminarse',
pero nadie quiere dejar de vivir amarrado a la mente emocional
como si fuese algo 'personal'
y no tan solo una influencia del pasado.
Tienes que desprenderte de esta creencia y ver qué pasa:
cuando ya no te defines, ni a ti, ni a los demás,
ni interpretas lo que ocurre.
Suelta, a ver qué sucede, y así se simplifica la Vida,
parando de pensar que algo tan pleno y significativo
como vivir en paz y con alegría, es imposible…,
y haz que sea posible.

No podrás relacionarte bien con el mundo a menos que seas libre
de estas suposiciones limitantes que mantienes tan a menudo,
pensando que te falta algo, que no eres valioso,
que lo que haces es equivocado e inadecuado,

Aceptar con Amor, que así soy, así vivo, así siento
y me muevo por mi Vida, con gratitud
por ser tal cual soy y estoy siendo,
es la manera más fácil y genuina de ser realmente feliz.
Es que aceptarse tal cual uno es,
significa también aceptar que todo es como tiene que ser.
Reconocerse y reconocer lo que es, trae paz y alegría.

Muy dentro de tu Alma, quieres ser 'diferente'
para tener buenas relaciones, para sentirte unido a todo
y abandonar esa sensación de soledad.

Tienes que confiar en que es posible una Vida completa
en la que logras sentirte pleno, vibrante de vitalidad, sin miedos,
sin necesidades, apegos o esperanzas,
sin ambivalencias, ni resentimientos,
fuera del encantamiento con lo que pasó o pasará,
lejos de las prisas del tiempo.

Pero para gozar de esta Vida,
que es una purísima expresión de Amor natural,
de profundo agradecimiento y reverencia, es fundamental
que seas Consciente, sobre todo de la 'relación contigo mismo',
porque es:
                    engañosa
                        ilusoria
                            demandante
                                esclavizante
y no te permite abrirte a todo lo demás.
Solamente tienes que seguir el fluir natural, la corriente que la Vida
porta en sí misma, trayendo todo lo que ha de llegar.

Hay una adicción a sufrir, es un terreno conocido.
En cambio, soltar significa abandonar todo esfuerzo
y entregarse al presente, sin aferrarse a nada.

Por este motivo, insisto en la importancia de vivir estas enseñanzas,
para ir haciéndolas po-si-bles,
y no tomarlas meramente como una 'interesante información',

Eres una de las innúmeras manifestaciones de la Existencia
Tu diseño es perfecto, si no, no serías
Querer ser diferente es la máxima deslealtad
con tu Ser y con la Vida...

∎1 LA RELACIÓN 'CONTIGO MISMO'

La Luz siempre está aquí
Siente tu propia Naturaleza, permite que se abra
Nada te detiene para poder
...florecer...

La relación más importante y al mismo tiempo la más difícil,
es la que tienes 'contigo mismo', con tu 'yo'.

Es la base, el fundamento de todas las demás relaciones
y donde tienes que centrarte si verdaderamente
te interesa tener relaciones satisfactorias.
Tus relaciones son un reflejo de cómo estás.
Si te mantienes en esa sensación de que siempre te falta algo,
sintiéndote mal, en un sube y baja emocional constante,
¿cómo puedes sentirte bien con los demás?

La mayoría de las personas tienen lugar dentro de sí solo
para sus pensamientos y sus creencias,
están rígidamente centrados en 'sí mismos'
y así permanecen en una vida avara y pequeñita.

Estando centrado solo en 'mi mismo',
'en mis pensamientos y en mi personalidad',
no hay realmente lugar para los demás o la Naturaleza,
o para aceptar lo que sucede.

Te relacionas con los demás tal como eres,
por eso nada de lo que te suceda y ninguna relación
podrán darte permanentemente la alegría que anhelas,
si dentro tuyo no encuentras eso que buscas.

Observa que la relación que tienes 'contigo mismo' es de 'tú a tú'.
Suena cómico y muy ilustrativo
porque te muestra que hay fragmentación,

vives en la dualidad:
'yo' se relaciona con 'yo', hay dos en lugar de Uno o Unidad.
Es decir, y esto es fundamental que comprendas:
    'conmigo mismo' significa con tu mente
tu relación con tus pensamientos
que tu confundes con 'soy yo', 'yo soy eso'

Cuando vives la Vida directa, completa, no te identificas
con afirmaciones de personalidad como:
'soy bueno, soy malo', 'soy brillante o soy tonto', 'éxito, fracaso'...,
por lo tanto tampoco te regodeas
en lo que te hace sentir miserable.

Quedarte identificado con lo que no es verdadero,
es muy 'ego'-ista, primero para ti mismo y también para los demás,
por lo tanto, es muy importante
    quitarte-de-esa-posición-donde-el-ego-es-el-rey
o sea, salir de la identificación con la mente emocional.
Así dejarás de sentir culpa por el daño
que inconscientemente haces a lo que te rodea.
Los que actúan sin Consciencia hacen daño por ignorancia,
porque 'no saben lo que hacen', tal como lo expresó Jesús,
y es solamente al Despertar cuando te liberas.

La mayoría de los comentarios de la mente emocional
    son involuntarios.
Pero tenemos la 'sensación'
de que somos nosotros los que los provocamos.

La mente expresa lo que le pasa en emociones.
Necesita alimentarse de supuestos conflictos, de dolor,
de presuntos rivales y amenazas,
para fortificar la sensación de carencia y separación
en las que basa su identidad.
Es 'eso' que te mete en constantes pesadillas,
en las que te sumerges y desde dónde actúas.

Este mecanismo, que te hace tan infeliz,
deja de afectarte cuando lo detectas.

Es un montaje que se derrumba por sí mismo,
si no le prestas atención a sus demandas y berrinches

La verdadera compasión no se basa solamente
en 'querer' ser buena persona,
sino que es puro Amor y comprensión.
Es una realidad que surge de forma natural,
cuando tienes Claridad, estando Despierto.
Es entonces cuando puedes tomar las riendas de las relaciones
y no permitir que la mente emocional, o sea el 'ego', dirija tu vida.

El Amor te rodea
está en todo lo que la existencia te ofrece...
está dentro de ti...
Permite que te Una a la Vida, al latir del Universo...

Entrégate incondicionalmente al Amor...

▮I DEFENSA Y ATAQUE

El desamor, la arrogancia, el resentimiento
La competencia, la codicia...
Traen agonía

Si estás cansado de sentirte herido...
Cuando ya no puedes soportar más rechazos
y anhelas dejar de causar daño...

Sé Amor...
Vive en el Amor...

Tal como estamos comprendiendo,
cada uno expresa lo que tiene en su interior, lo que le pasa.
'Proyectar', es un mecanismo que nos hace ver fuera,
o en los demás, lo que llevamos dentro.

En otras palabras, es verte a ti mismo en el otro.
O sea, que lo que te molesta en el otro sucede por qué:
no lo soportas en ti mismo y no quieres verlo,
o te remueve una situación inconsciente.

Por eso no vale la pena afectarte
por lo que piensan o dicen los demás.
Lo que sienten les pertenece.
Y lo que creen, nada tiene que ver contigo.
No hace falta que te defiendas; y obviamente
tampoco hace falta imponer tus propias creencias.

En un plano profundo, cuando necesitas 'defenderte'
es porque la herida de la infancia
—que es a través de la que se forma la personalidad o 'ego'—,
ha sido tocada o re-vivida.
Lo que se re-vive es una 'sensación' de falta de reconocimiento,
de respeto, el rechazo que creíste experimentar.

La necesidad de ser aprobado, de provocar reconocimiento,
existe cuando no te amas porque no aceptas tu Destino,
tu pasado tal cual ocurrió.

Quien no se ha 'sentido' amado por sus padres
en la primera infancia,

tampoco-puede-tomar-el-amor-que-seguramente-le-dieron

y como resultado no se puede amar tal cual es,
ni amar su propia Vida.
Por lo tanto, la búsqueda de admiración,
tanto como atacar y defenderse,

son una súplica de Amor

La Vida se hace densa, pesada, se enturbia,
cuando el Amor interno
no alcanza para seguir adelante sin deprimirte, sin sufrir.
Por eso buscas la aprobación externa,
por que lo de adentro no basta.

Vivir sin amarte es como ir arrastrándote por la Vida,
rogando un poco de amor.
Intentando sobresalir, tener medios y éxito, ser guapo.

Aunque a cada éxito le sigue la euforia
de sentirte realizado y amado,
ese estado puede durar unas horas, unos días, unas semanas,
porque el ego herido necesita seguir alimentándose,
no puede detenerse, no sabe cómo dejar de sufrir
—que es lo que profundamente intenta conseguir—,
en una búsqueda de compensaciones
para calmar la constante insatisfacción.

Se hacen tantos esfuerzos para sentirse valioso
y llenar el inmenso vacío que produce resistir
una parte tan importante de lo vivido tal cual fue, sin rencor.

El ego nunca, nunca, termina de satisfacerse.
Nada de lo que le 'pertenece'
es suficientemente bueno, siempre quiere más, más...
Esta insatisfacción básica tiene que ver con uno mismo,
nunca con los demás.
No se puede responsabilizar a otros de lo que nos pasa.

Sin reconciliarte con tus RAÍCES, con tu origen,
no puedes amar lo que tienes,
no sabes amar, estás incompleto.
Hay un vacío que no se puede llenar con nada.

Todo esto se transforma cuando te entregas
a lo que has vivido como HECHOS,
simplemente como experiencias por la que has pasado,
sin decorarlo con emociones y evaluaciones que te dañan.

Es cuando el Alma se aquieta...
y el Corazón fluye en libertad

■I RELACIONES PERSONALES

Ya no trato de entender los misterios de la Vida
La única certeza que tengo es que...
Todo lo que sale de mí Corazón me da alegría...
Solo el Amor hace que valga la pena vivir...

Cuando te enamoras, elevas a esa persona
por encima de los demás y de las situaciones,
separada de los otros.
Necesitas sentirla 'especial' para calmar la soledad del ego.

Te sientes pleno durante un tiempo,
pero el vacío retorna demasiado pronto,
comienzan los enfrentamientos,
los deseos de herir, de castigar, las rivalidades,
regresa el desaliento.
'Me equivoqué otra vez',
'qué habré hecho para fracasar nuevamente'

Vuelve la temida auto tortura, la culpa, el miedo.
Vas recorriendo expectante el devenir de la relación,
desde el esperanzado inicio hasta volver al punto actual.

Así son las relaciones fundadas en el 'ego', o sea,
dirigidas por la mente infantil emocional.

En el otro no puedes buscar la Unificación.
La Unificación es EN TI.
Sentirse Unificado es vivir integrado a la Vida Total,
es vivir en la Belleza.

Cuando uno se relaciona de ser a ser
con Consciencia, no hay separación

SER CONSCIENTE significa conocer a fondo
nuestros mecanismos mentales
y saber cual es nuestra verdadera Naturaleza
Es lo que nos lleva a amar la Vida sin condiciones

El Amor Incondicional es impersonal,
abarca toda la Existencia.
Siendo Consciente, vibra en ti,
no tienes que salir a buscarlo,
estás en calma,
y desde este espacio tus relaciones hacen un giro total.

¿Y cuál es la diferencia una vez que conocemos la Verdad?
Gozamos de vivir, plenamente, intensamente,
pero los motivos de placer son tan variados
que ya no estamos compulsivamente centrados
en las urgencias del Cuerpo.
El sexo ya no lo buscamos,
aunque la sensualidad es aún más profunda
y la disfrutas más que antes.
No necesitamos amigos íntimos, ni situaciones especiales,
todas las personas tienen algo que nos sorprende o atrae.
Nos sentimos bien con todos.
Lo que nos interesa es la Vida total,
con los particulares que se presenten.

Disfrutamos en la Naturaleza, nos entregamos a la Belleza...

Se amplia todo...

■| SOLEDAD NO ES ESTAR SOLO

Cuando estás Consciente nunca estás solo
Sientes tu Presencia, sientes la Vida
Reconoces tu Unidad con todo lo que existe...

En cambio, cuando estás en el ego, o sea, in-consciente,
te sientes solo, sientes la ausencia del otro,
porque el ego es nadie sin el otro.

Por eso la gente va a un terapeuta, para ser escuchado,
el ego necesita de la atención de otro;
pero si el terapeuta no es Consciente,
solamente aprendes conductas 'apropiadas'
para enfrentar los conflictos. Pero la ceguera continua.
Si el terapeuta no tiene Claridad, ¿cómo puede transmitirla?
¿Cómo puede propiciar la unidad en el otro,
si él mismo está dividido?

Por otra parte, la posibilidad de que te vuelvas Consciente,
no está en manos de nadie, está en tu Ser.

El ego o mente emocional funciona con el opuesto:
Si estás feliz, como la tristeza se esconde en la felicidad,
al rato estarás triste y le echarás la culpa al otro.
Si amas a alguien, pronto lo odiarás,
cuando deje de hacerte sentir completo.

Estás cargado de emociones, igual que todos los demás.
Es difícil mantener la armonía por mucho tiempo,
tú cargas al otro con tu sufrimiento, con tu malestar,
y el otro te carga a ti.
Nadie aguanta a nadie.
Por eso es difícil no explotar, la carga pesa
y es muy molesto viajar con tanto equipaje.

El peso del pasado, de los pensamientos amenazantes,
de las emociones desatadas, de los esfuerzos para sobrevivir,
del miedo a perder lo que sea,
trabajo, relaciones, todo eso se va sumando
y te torna cada vez más vulnerable.
Es demasiado.
De pronto colapsas, o te estresas, o te enfermas,
lo cual simplemente significa:
'¡Basta! No puedo más'
El estrés o la enfermedad te hacen parar por un rato,
pero pronto estarás urgido por el ego
a entrar de nuevo en el torbellino
de ocurrencias disparatadas,
y así se repite el ciclo en un círculo vicioso.

Mientras te muevas en la inconsciencia del ego,
seguirás dando vueltas sobre ti mismo,
sin ver más allá de tu ombligo.

Solo siendo Consciente,
que es algo inherente a ti mismo, a tu propia Naturaleza,
podrás surgir de tus propias cenizas, como el ave Fénix,
y es algo que nadie puede darte porque ya lo tienes,
solo que está escondido detrás del ruido imparable de la mente,
detrás de la oscuridad que provoca.

Para aclararte y vivir en paz, tu mejor posibilidad
es conocer los mecanismos de la mente.

Cuando seas Consciente te sentirás Completo
No sufrirás carencias
ni necesitarás a nadie
estarás bien con todos y con todo
y sintiéndote pleno
la Vida tal cual es estará bien

∎I EL GRAN TEATRO

En las relaciones superficiales
todo el mundo se muestra educado, cultivado.
Todos tratamos de mostrar lo mejor de nosotros mismos.
Existe una preocupación por dar una buena imagen,
una apariencia de bienestar.

Sin embargo, en la intimidad, cuando se profundizan los vínculos,
es muy distinto de lo que al principio parecía.
Porque los andamiajes prefabricados
son muy difíciles de mantener e inevitablemente
se 'pierde el control'.
Es decir, que aunque en las relaciones sociales
nos mostremos amables,
podemos ser muy primitivos y hasta brutales
en relaciones más cercanas.
Cuando hay familiaridad, surge la escondida devoción al miedo
y un mundo de restricciones y limitaciones que se ocultaban.

Para salir de estos 'dramas teatrales',
causados por el yo emocional, necesitas hacer un giro:
Salir de lo que llamas 'mi' vida personal,
centrada solamente en ti mismo
y mirar LA Vida, la Vida Total.
O sea, salir de lo 'personal' y pequeño,
para percibir la grandeza de experimentar lo Impersonal,
la Vida directa, tal cual es en el Presente.

¿Y CÓMO HACERLO?

Para que este tránsito suceda es preciso:
Que no te involucres con tus 'dramas personales',
que te desapegues de este teatro que es falso,
para salir de la limitación en la que te hunde.

Tienes que estar muy atento para no ser conducido
por ciertas cosas como:
        buscar solo sentimientos placenteros,
        evitando por todos los medios el displacer.
Porque de esta manera estás en contacto
con la mitad de lo que ocurre,
dividido entre '—esto sí, esto no—'.

O sea, mejor es que evites seguir aferrado a la mitad de la película,
centrado en una parte de tu Vida —la que te gusta—,
negando el resto.

Puedes integrar todo lo que hay, sin por ello perderte en el drama.
Si te afirmas solo en la mitad de la Vida, rechazando la otra,
¿cómo lograr esa ansiada plenitud si estás dividido?

No aferrarte al sufrimiento,
te enseñará a tomar la dicha también con calma,
dejando de desear desesperadamente sentirte siempre bien.
O a la inversa, si no te aferras a lo placentero
podrás lograr no quedarte pegado al dolor.

Los extremos no nos ayudan, busca el centro.

Si aprendes a no colgarte del miedo,
y al mismo tiempo dejas de buscar la felicidad
el resultado es LA PAZ DE TU ALMA.
Sales de la dualidad, estás en equilibrio.

Al soltar los nudos que nos atan a lo que no es verdadero,
la Vida se hace espontánea y nos vemos inmersos
en los acontecimientos y relaciones, con la mirada inocente.

La plenitud, la dicha, es Totalidad…
muy diferente de sentir 'esto sí – esto no'

▮I RELACIONES LIBRES

Si nos apegamos a otros sufrimos...
Lo que trae alegría es VER *con claridad*
lo elemental, lo que nos trae cada instante......
y amar la Vida...

Todo lo que creamos nos trae preocupaciones
Si lo que creamos es paz, entonces disfrutamos

El desapego no significa abandono, ni estar distante.
Todo lo contrario:
Al desapegarte del otro lo liberas y te liberas.
Lo liberas porque dejas de lado las demandas,
las manipulaciones, el sentido de propiedad.
Dejas de entrometerte en su vida y en cambio la respetas
Permites que el otro se exprese tal cual es,
sin intentar cambiar nada.
Sin interferir, ni imponer tu parecer.
Cada cual tiene su guión,
sus patrones inconscientes,
su propia experiencia de Vida.
No puedes pensar que la tuya prevalece como la mejor,
ni que tu 'parecer' —que es algo tan relativo—,
resulta el acertado.

Es tal el alivio cuando no estás amarrado a alguien,
que el Corazón se te abre de par en par y sin obstáculos
y pasas a ver al otro nuevo, fresco,
lo observas como si siempre fuese la primera vez.
Los demás se sienten relajados al estar contigo,
no interfieres en sus cosas y se abren a la relación.

Claro que estamos hablando del Despertar
pues mientras sigas relacionándote

con 'tu personalidad y tus pensamientos' como lo más importante,
o sea, *en la ceguera*, no llegarás a esta libertad de vibrar
con este sentimiento de apertura y visión inocente.

Cuando percibes el sabor de la libertad,
te interesa estar Presente y Consciente,
solo eso basta y es muy intenso.
Luego de gustarlo ya no quieres relacionarte como lo hacías antes.

En este sentido
también dejas de hacerte daño a ti mismo y a los demás
una clarísima expresión de estar Despiertos

■I SIN ENEMIGOS

Cuando descansas en el Ser,
tu visión ve más allá de las apariencias mundanas.
Es la mente la que ve un mundo hostil y lleno de peligros.
Tu ego desconfía de todo el mundo excepto de si mismo,
convierte a los demás en tus rivales.
Te encuentras solo y a la defensiva, diferente.

Al diferenciar, comparas y no puedes evitar la irrefrenable
necesidad de juzgar y condenar a los otros y a ti mismo.
Una palabra que no te gusta, un hecho inesperado
o algo que consideras adverso, puede trastornarte,
precipitarte al caos, o envolverte en pánico.

Tus emociones crean un mundo de temores,
'atacado' y atacando,
ofendido, lleno de rabia y rencor,
castigando al otro psicológicamente
—en el mejor de los casos—.

Cualquier cosa puede hacerte tambalear,
perder tu delicado y frágil equilibrio.
Cuando algo no te hace verte 'especial',
lo tomas como una afrenta,
tu falsa identidad se ve amenazada.

Por eso al principio de las relaciones,
cuando muestras la 'mejor' cara,
crees que al fin has alcanzado algo,
te notas exaltado y la vida te sonríe,
tu ego se siente eufóricamente especial.

¿Podrías temer y odiar a tu supuesto enemigo
si fueses Consciente
de que eres esencialmente igual que el otro?

¿Puedes conseguir la serenidad y la alegría que buscas
si no estás basado en lo que es legítimo?

¿Cómo logras mantener el equilibrio si te apoyas
en suposiciones engañosas que solo existen en tu mente?

Mantener algo que no es auténtico significa un gran esfuerzo
y ese esfuerzo gasta,
no deja lugar para disfrutar de la Vida Total.

Pero si comienzas a ver las cosas como son,
a mirar tus pensamientos
y a reconocer que tú has confiado en ellos
y te das cuenta que has tomado por auténtica una falsificación,
entonces, la fuerza del ego, el poder que tiene sobre ti,
se disuelve, desaparece.

▮| REENCONTRARTE

Cuando finalmente te reencuentras con tu verdadera esencia,
ya no buscas que el otro te complete.
Eres Uno con tu propio Ser.

Con el mundo te sientes bien, interesado, tu claridad hace bien.
Los demás sienten alivio y comprensión al compartir contigo;
no porque seas 'un consuelo', sino porque eres claro,
te vuelves contundente,
inclusive a veces se puede llegar a ser tajante.

La Claridad significa Luz, certeza.
Se ven las cosas a través de un cristal transparente.
No nos movemos por identificación con algo ya pasado,
ni porque deseamos otra cosa diferente,
sino por lo que está ocurriendo en la Vida directa,
aquí, ahora.

La compasión, que se vuelve profunda,
no se expresa con sentimentalismos,
aconsejar al otro y consolarlo
es debilitarlo y reafirmarlo en lo falso.
Por lo contrario, la verdadera compasión es dar Claridad,
resulte o no duro y doloroso para quien escucha.

Ya no tienes miedo de que al ser claro el otro 'no te quiera',
no necesitas su aprobación.
¿Para que seguir alimentando al ego
con sustituciones, con engaños?
Lo único que cuenta es el ahora,
reconocer lo que es sin agregar nada.
Conocer la Verdad.

¿Sabias que Ser, Amor, Paz, Belleza son sinónimos?
¿Qué también Claridad o estar Iluminados lo son?

Sólo se puede hablar de Amor, con mayúsculas, sin opuestos
cuando has disuelto la idea de estar separado de la Vida Total
y por lo tanto sueltas esa sensación de carencia y equivocación

Cuando ya no estás identificado con el dolor,
con el caos de la mente y las emociones.

▮ EL AMOR PERSONAL

El amor 'personal ' tiene dirección, selecciona el destinatario, elige.
Su complemento dual es el odio, que no tarda en aparecer,
cuando descubres
que el otro es como es y no como tú te lo habías imaginado.

Al romperse la burbuja,
te pasa lo mismo que con las drogas o los ansiolíticos
cuando ya no te hacen efecto, vuelves a sentirte inquieto, incómodo,
insatisfecho contigo mismo.
Podemos fluctuar permanentemente
entre estos dos intensos sentimientos,
amor-versus-odio. De la ternura a la violencia.
¿Y qué es el odio sino miedo disfrazado?
Miedo a perder, a no sentirse amado.

Cuando dos personas se enamoran,
olvidan la sensación de separación
y se sienten radiantes de felicidad, unidos a otro,
dejan de ser 'dos'.

Centrado en el placer de la unión física
sientes una integración de la dualidad hombre-mujer,
una unión Cósmica que culmina en la explosión del orgasmo
y te olvidas de la enfermiza relación 'contigo mismo', con tu mente.
Aunque sea un instante efímero.
Por eso deseas enamorarte, en un intento inconsciente de superar
la *sensación* de estar separado de la Vida Total y sentirte Completo.

Todo deseo de tener, revela las carencias del eterno insatisfecho,
de la tiránica mente emocional.

Todo deseo de saber, en su raíz, esconde el anhelo inconsciente
de saber quién eres, de conocer la propia Esencia.

Mientras existe el deseo, no hay paz...

■| YA SABES QUIÉN ERES

Cuando ya sabes quién Eres, al conocer tu Naturaleza,
también sabes quiénes son los demás.

Sabes que tú y el otro son lo mismo.
Aunque y también únicos e irrepetibles.
Y esa intimidad que sientes contigo
también la sientes con el otro,
aunque no lo conozcas de antes,
apenas contactas con alguien ya sabes quién Es.

Percibirás la esencia de Consciencia
en la gente, en las circunstancias, en todo lo que ves,
porque todo, *absolutamente* todo está vivo,
hasta el espacio transparente e Infinito es Consciencia.

Por lo tanto, la verdadera intimidad es en ti mismo.
Ya no necesitarás una relación 'especial',
sino un relacionarte con todos y con todo.

Será la misma Vida la que te lleve
a permanecer con algunos y a alejarte de otros.
Cómo siempre ha sido,
aunque antes no te dabas cuenta.

El verdadero Amor surge naturalmente
de la profundidad del Ser Consciente
y emana hacia lo que lo rodea
Esto es amar Incondicionalmente
Sin condiciones

No es el otro quien te lo hace sentir…
es una experiencia interior
que te pertenece y vive en ti

▌| GOZAR DE LAS RELACIONES

Sintiendo...
Soñando...
Anhelando...
Siendo...
AMOR

El Amor es un elixir reparador y renovador
que bebemos con el alma anhelante.
Es un mundo invisible del que no queremos salir,
porque inspira aires de confianza y belleza.
Pero no significa solamente complicidad, mimos,
intimidad, pertenencia, unión, entrega, pasión,
sino que se refleja en lo que hacemos al amar.

Si, el Amor une, pero nadie puede apropiarse de otro.
Vamos girando por la Vida, encontrándonos, separándonos
aún cuando podamos caminar uno al lado del otro,
solemos encontrar un punto donde nos saturamos,
ya no nos sentimos 'comprendidos',
ya no nos vemos 'bellos' ante sus ojos.
Es que en el amor 'personal' nos gusta
mostrar y ver lo mejor que tenemos.
Y si el otro ya no lo refleja
y nos quedamos pegados a 'lo que no me gusta',
todo se estanca y se enturbia.

Entonces nos preguntamos:
¿No será el momento de buscar más transparencia?
Nos vamos, luego iniciamos una nueva relación,
pero vuelve a suceder lo mismo.

Porque lo que es inevitable en el amor 'personal',
es enfrentarnos con la dualidad, es decir,
con el reverso de la moneda, con lo que 'no nos gusta'.

Aquí es donde se originan todos los conflictos
de pareja o de amistad:
'yo esperaba de ti otra cosa'
'al comienzo él era diferente'
'yo lo quiero pero espero que cambie'
'la amo pero no me gustan sus amigos'

Hablar de Amor significa que no esperamos nada del otro,
que la sola presencia del ser amado y tal como es
resulta suficiente para sentirnos bien, relajados,
sin nada que demostrar, sin nada que cambiar,
sin armas de seducción.

Eso es Amor
asentir totalmente a lo que el otro es
aceptando las diferencias

Comprendiendo que la alegría es algo individual,
que no depende de la relación
sino del estado interior de cada uno.
Pudiendo entender que el otro no está aquí
para 'servirte' como una madre; que cada cual
tiene que abastecer sus necesidades por sí mismo.
Y si no te satisfizo como te cuidaba tu madre, lo más seguro
es que tengas problema con cualquiera que te 'sirva',
tu cónyuge, el camarero...

Cuando vivimos bien el Amor, estamos agradecidos
de todo lo que recibimos y damos.
Es un muy importante un equilibrio entre el dar y el tomar.

Entender que, así como un día amanece radiante y otro nublado,
también el vínculo tendrá momentos más placenteros que otros,
sin necesidad de sentir que 'algo se ha perdido'
si algunos días no nos sentimos bien juntos.
Igual vale la pena compartir.

Se aprende mucho de uno mismo a través de las relaciones.

Lo mejor es indagar dentro.
Si no te sientes bien 'con' alguien,
mira por qué.
Generalmente es porque estás juzgando al otro
o a ti mismo,
o condenando algo que paso,
o criticando lo que está sucediendo entre los dos.

¿Cómo podemos decir 'te amo'
cuando queremos que el otro sea diferente a como es?

∎I ACERCA DEL AMOR

Y cuando la Luz
Comenzó a irradiar en mi Corazón
Comprendí que lo único que vale la pena
Es amar todo tal cual es…

Lo único que puede llamarse verdadero Amor,
es el Amor Incondicional,
en su estado puro, libre de toda dualidad, libre de apegos.

Es el néctar de amar en sí mismo, sin expectativas de resultados…
Es un sentimiento Impersonal que fluye en tu interior
y va hacia todo lo que existe.
Es una vivencia que no interfiere en el derecho del otro a ser libre.
Y esto se constituye en la única manera de evolucionar.

Hay hambre de Amor…, sed de amar y ser amado.
Y sin embargo, no es tan fácil 'encontrarse'.
Porque el 'amor personal' es una mezcla de amor y odio.
'Si lo que me das me gusta, te amo; si no me gusta, te rechazo'

No se puede clasificar ni medir lo que damos, ni lo que tomamos.
A veces cuesta tomar el cariño que recibimos, sentirnos queridos.
Darnos cuenta que la Vida ES Amor.
Que no hace falta cambiar nada, que el Amor es Infinito…

Amar totalmente no solo es asentir al otro tal como es,
sino también no esperar nada a cambio.
Si tienes expectativas, tarde o temprano, se destruye la belleza,
porque lo que 'deseas' que ocurra *precede* a lo que vendrá
y si no corresponde con lo que esperabas, hay conflicto.

Amar significa compartir.
Entre lo que tú eres y lo que yo soy se da un intercambio.
Una interdependencia que celebra la diferencia

Si el vínculo se basa en la dependencia y el apego,
en que las cosas sucedan de una determinada manera,
el resultado es un infierno para todos.
El otro no tiene por qué completarte ni compensar tus debilidades,
ni entretenerte para que no te aburras,
ni adivinar qué necesitas en todo momento,
ni estar pendiente de cada ocurrencia que tengas,
ni dejar de hacer lo que le gusta cuando le place,
ni dejar de lado a sus amigos, ni a su familia...

En sánscrito existe un saludo maravilloso:

      ❀ NAMASTE

Que simplemente significa

      Así como tú eres está bien para mí
      reconozco que así fuiste creado por la Vida
      y para mi, por lo tanto, eres Divino

      Tú eres Shiva... yo soy Shakti...
      Tú representas lo Masculino...
      Yo lo Femenino...

Y cada uno disfruta de la diferencia y de ser iguales

      Entonces
      solo entonces
      el Amor se convierte en una brisa inefable
      que acaricia el Alma

LA NATURALEZA

HUMANA

▌▍ LUCHAR PARA CONSEGUIR

Cuando dejamos de huir de la tristeza
Y ya no buscamos la alegría...
La Armonía surge en nuestro Ser
Y envía su perfume desde el Corazón...

La Vida es muy simple.
Se transforma en un problema cuando luchamos contra ella.
La mayoría de los 'problemas' vienen de lo imaginario.

Cuando el deseo que tenemos es compulsivo, luchamos y forzamos
para tratar de que todo salga como queremos.
Por eso vivimos estresados
y vemos que se retarda el fluir hacia lo más valioso,
que es vivir dichosos y en paz.

Lao Tsé se expresa así en el Tao Te Ching:
'No existe nada que el no-actuar (el dejarse llevar), *no venza*
No actuando se conquista el imperio
Actuar para conquistarlo, hace que no lo obtengamos'

Para conquistar el 'imperio', es decir, para vivir en armonía,
no hace falta hacer nada.
El no-actuar no significa quedarse paralizado o estático.
   Significa actuar sin intenciones,
   sin expectativas,
   sin esperar resultados.
   Sabiendo que las consecuencias son inevitables.
   Buscando las soluciones más simples y efectivas
Las acciones cotidianas no tienen por qué hacerse
basándose solamente en la voluntad.

Existe el condicionamiento de que hay que 'sudar' para conseguir,
Es cierto que cada uno tiene que hacerse cargo de su propia vida,
nadie puede vivirla por ti, ni tú puedes vivir la de otros.
Pero el hecho de que tengas que ocuparte de todos tus asuntos,
no implica desesperarte y manipular,
ni agobiarte para solucionar tus necesidades.

Hay toda una organización mundana
y un orden Cósmico en el que vives inmerso,
que es un campo de infinitas posibilidades,
donde aparecen las oportunidades
y el apoyo que necesitas para lograr tus propósitos.
Y esto sucede de todas formas,
aunque no nos demos cuenta de que es así.
Personalmente, esto basta para serenarme y sentir optimismo.

Mantén la calma, solo eso. No hay prisa,
aquí y ahora está todo lo que buscas encontrar.
Intenta con todos los métodos que conoces, mantenerte relajado.
Para que la Intuición aflore y la claridad pueda surgir.

Recuerda que si la Vida te pone un desafío,
es porque la solución está aquí mismo.
Todo se resuelve aunque aun no hayas encontrado la solución.
Tienes que ser paciente, paz-sentir,
todo está en camino, llegando hacia ti.

Abre tu Alma, abre tu Corazón y espera lo nuevo
con la alegría de un niño cuando le anuncian un regalo que viene.
Aprende a vaciarte de todo lo aprendido.
Ya no te sirve, es mejor la respuesta directa al Ahora.

Escucha con oídos frescos,
mira con ojos que se abren por primera vez.
Sin censura, con inocencia, dispuesto a sorprenderte,
receptivo a lo que ves y oyes,
en lugar de aferrarte a tus viejas creencias.

Así podrás renacer a una Vida esplendorosa,
donde ya no tienes miedo al sufrimiento,
ni buscas la felicidad.
Te sentirás completo con lo que hay,
tal cual es, sea lo que sea.

Todo es Vida, todo es experimentar...

▋ LOS VAIVENES DEL DUALISMO

Si el dolor aprieta y oprime el aliento…
Si el Sol ya no brilla y se oscurece el cielo…
Aquí… nada termina
*   Tú sigue el Viaje… siempre hacia adelante*
*   Con el alma abierta extiende tus alas*
*   y reanuda el vuelo*

La mente humana es dual, divide:
Elige una parte y la separa del todo.
El resto lo excluye.
El dualismo es la fluctuación constante,
entre el 'sube y baja' del:
'me siento bien – me siento mal'
'me gusta – no me gusta'
'adoro – odio'

En el juego existe todo, no solo lo que preferimos.
Existe la vida y existe la muerte.
Existe el dolor así como el placer.
Son polaridades inseparables.
La Vida va sucediendo en la fusión de los opuestos;
son inseparables y complementarios.
No es posible 'elegir' y 'excluir'.
Así es como nos quedamos 'a medias', divididos,
con miedo y descontentos.

La mente emocional traza fronteras entre:
lo que 'yo quiero' y lo que 'no quiero'.
Al trazar estos límites de separación
—que comprimen la manifestación total de la Vida—,
se produce el innecesario sufrimiento.

Esto es más bien cómico,
porque la mente emocional excluye…,

pero solo en su imaginación:
es imposible excluir lo que existe,
lo que está aquí.

Al negar una parte de la Vida,
nada ni nadie
puede completar 'ese pedazo que te falta'.

El dualismo de la Vida es un movimiento, una polaridad indisoluble.
No obstante, la mente divide, porque des-une.
Desune yo soy —de— Yo Soy.
Separa lo relativo —de— lo Eterno.

Nos hace sentir separados de 'eso' que nos da la Vida.

Vivimos como si estuviésemos 'desconectados' de la totalidad.
Por eso tanta inseguridad, tanto miedo.
¿Cómo podemos vivir tranquilos, si las bases,
el fundamento de nuestra Vida,
es un convencimiento falso que crea temor?
Es como si un árbol sintiera que no tiene raíces,
¿cómo podría sostenerse firme y sólido?

Como el Río que se sumerge en el Océano
como esa gota de Agua
que encuentra la Fuente en sí misma
somos parte de la Totalidad del Universo donde vivimos
lo creamos o no…
seamos o no Conscientes de esto…

▌l PELEANDO CON LOS HECHOS

Aprende de lo Natural y entrégate a tu Naturaleza
para encontrar la paz de tu Alma...

Escucha el sonido del manantial de Aguas sedosas
que suena como una flauta cantarina
emergiendo de las profundidades secretas de la Tierra...

Deléitate con las mariposas danzando al Sol
y con el murmullo de los arroyos en los montes...

Todo fluye, nada se opone a lo que Es

Es fácil comprobar que nuestros sueños,
nuestros deseos de lograr algo,
significan momentos de fatiga,
de agonía, de miedo a fracasar.
Lo que podríamos sentir en el placer de la acción,
se transforma en esfuerzo,
maquinaciones, estrategias, manipulaciones.
Nos despertamos por la noche preocupados y pensando,
no descansamos bien, nos estresamos.

Miremos el comportamiento de los niños.
Tenemos mucho que aprender de ellos.
    Un niño cuando juega no piensa en conseguir nada.
    Lo que hace es experimentar, aprender,
    con total atención en lo que está haciendo,
    viviendo el aquí ahora, el Presente.
    No planea hacer otra cosa aparte de lo que está viviendo.
    Está completamente en lo que hace
    y lo vive con toda intensidad.
No es que el niño esté 'perdiendo el tiempo en tonterías'.
El niño está enfrascado en el momento,
tiene tanto por aprender y lo sabe, lo anhela.

Está atento a todo.
Percibe, siente, absorbe, entiende, aprende.
'Jugar' es la manera natural de vivir.
Cuando se viven las cosas relajada y plenamente,
nos da igual qué es lo que tenemos que hacer.
Nos da igual fregar los platos que ir al cine;
o estar en la oficina que salir con amigos.
Hagas lo que hagas, eres tú ese que hace,
no hay división entre la vida de trabajo y la vida de ocio,
siempre eres tú.

La mente emocional
establece las preferencias, diferencias y expectativas,
por eso no siempre te sientes bien,
ni siquiera haciendo lo que quieres hacer.
Cuando dejas de forzar las cosas
para que sean de una determinada manera,
hagas lo que hagas, estás descansado.
No hay tensiones.

Nada de lo que logramos en la materia nos libera de los miedos,
ni deja la mente en paz.
Nada material nos da la alegría que sentimos
cuando estamos serenos
—a menos que—,
todo lo que hagamos sea con el Corazón,
en el placer de vivir en acción, con intensidad
y poniendo atención, puestos en lo que estamos,
sin pensar en lo que conseguiremos.
Esta es la magia de la Vida y el gran secreto.

Dicen los taoístas *el que se aferra, no conserva*
¿A qué nos aferramos?
Mejor que surja lo que tenga que surgir.

Simplemente tenemos que confiar en lo que la Vida nos va dando
como una colaboración Cósmica.

Poniendo tu granito de arena para seguir adelante,
siendo Uno con tus circunstancias, sin que te importe
si en tu escala de valores lo que sucede es 'bueno o malo'.

No hay que renunciar a nada, todo lo contrario.
En lo mundano, en la manifestación Divina,
es donde Espíritu y materia son una sola cosa.

Disfruta todo lo que puedas, haz lo que te da placer
goza de tu existencia en la Tierra

> *La verdadera magia está aquí*
> *solo que nos parece que no tenemos acceso*
> *porque tomamos lo manifiesto, lo visible, la belleza*
> *como algo habitual y no lo sabemos apreciar*

▌I   SIN EXPECTATIVAS

No puedes cruzar el Puente
Antes de llegar al Río

¿Para qué anticiparnos con deseos o imaginaciones?
¿Para qué montarnos expectativas que solo traen estrés?
Las cosas se van generando, desarrollando,
y nosotros observamos los hechos
y vamos hacia lo que más conviene.

Si sientes que todo se crea y resuelve con tu poder personal,
te vuelves responsable de todo lo que sucede,
con la tremenda carga que significa.
Y esto se transforma en una lucha interminable donde nunca
acabas de 'mejorar', nunca llegas a ser lo que 'desearías ser'.

La Vida es la que tiene el poder de ofrecerte posibilidades,
indicarte los caminos y mostrarte el resultado.

Las circunstancias que ocurren aparecen por causas
que están fuera de nuestro control,
por eso nos sorprenden cuando cambian
el rumbo de nuestros planes.

Entretanto, intentemos resolver las cosas como podamos,
de acuerdo a nuestros propios recursos internos
y tomando en consideración los externos.
Hacemos lo posible y observamos lo que vaya sucediendo.

Si sufrimos es por esa resistencia a abrazar lo que ocurre tal cual es
y no poder dar un abierto Sí a los hechos
y entregarnos sin reservas.

Nada es para siempre. Ni siquiera la alegría.
El cambio constante de todo lo que existe y conocemos,
es lo único permanente y esto no implica un resultado prefijado.

La vida es impredecible, es inútil buscar algo que nos dé 'seguridad'.
    Seguridad
        estabilidad
            garantías
implican algo que no cambia, algo estático,
y la Vida es puro dinamismo, movimiento.

Es cierto que hay momentos en que las cosas parecen mantenerse,
pero en el continuo 'yin-yang', en el giro natural
de-esto-en-esto-otro que es su complementario,
todo se transforma.

Como la noche que se funde en el nuevo día...
    la Luna y las estrellas que dan paso al Sol...
        la oscuridad que cede lugar a la luz...
            y la tristeza que deviene en alegría...

▮I LA LIBRE VOLUNTAD

Si yo fuese a identificarme con una carta del Tarot
Sería con el Loco, que vive sin miedo
Que se atreve a seguir a donde lo lleva su Intuición
Yendo hacia adelante con inocencia
Sin especulaciones, sin ver peligros, sin deseos

Él tiene las cuatro cosas que necesita para vivir
El Aire que lo respira
Manantiales donde calmar su sed
El vigor de los rayos del Sol
El refugio de los árboles y el néctar de sus frutos
Y se alegra de la Vida como un niño...
Entregado...

Este es uno de los temas que requiere un mayor análisis
y que más cuesta aceptar.
Aceptar que lo que ocurre, no depende de nuestra libre voluntad.

Todos tenemos la libertad de hacer lo que queremos.
Aun así nuestro libre albedrío es bastante restringido,
una libertad aparente
que depende del paquete de condiciones presentes
y de los obstáculos y oportunidades
que surgen en el momento de la acción.

Hagamos un análisis.
¿Dónde está la capacidad de elección y que sentido tiene
el suponer que somos artífices de nuestro Destino,
cuando nos tenemos que ver con situaciones graves,
pérdidas irreparables, enfermedades incurables?
Cuando muere inesperadamente un ser que amamos
en un ridículo accidente; o nos quedamos sin trabajo
y aunque lo intentemos todo, nada surge;

o perdemos ese bebé que tanto anhelábamos
y nuestro amante se enamora de otra persona...
¿Dónde estaba el 'libre albedrío'?
Es aquí cuando nos enfrentamos a la fuerza del Destino,
ese poder desconocido que maneja los hilos de nuestra experiencia
como si fuésemos marionetas.

Puedo escuchar voces contradiciendo mis palabras,
'yo tengo control de mi vida',
'me ocupo y consigo'.
Sí, consigues lo que te surge,
te inspiran ideas que no sabes de dónde vienen,
surgen encuentros que llamas 'casuales',
que se han sincronizado y hacen que algo ocurra;
y esta sincronización es el movimiento de la Vida.

La Vida es un campo de infinitas posibilidades
y nos vamos encontrando con lo que nos ofrece
Esa es la realidad

Veamos, nuestros recursos económicos son fluctuantes,
nuestro estado de ánimo es casi imprevisible,
la salud depende de nosotros solo en ciertos aspectos,
nuestra visión de las cosas y opiniones cambia constantemente.
Podríamos continuar reflexionando acerca de todas
las variables que intervienen
y afectan nuestras acciones y elecciones,
para llegar siempre a la misma conclusión:
nuestra libertad es limitada debido a razones inesperadas
que son independientes de nuestra voluntad

Por lo tanto, siempre dependen de lo que la Vida nos ofrece
y de lo que se está manifestando en cada circunstancia.
Y este es un hecho fácilmente verificable
si simplemente observamos
los detalles de nuestra vida cotidiana.

Pensemos en algo simple, un día cualquiera
y observemos cómo ocurren las cosas:
    'Domingo de otoño.
Decides pasar el día en casa tonteando, quedarte lo más posible
en la cama, ver la tele, leer un libro. Suena el teléfono, tus amigos
te invitan a comer en su casa.
Muy contenta cambias de plan y a la calle.
Apenas comienzas a conducir suena el teléfono,
te avisan que lo sienten mucho, pero como está lluvioso
y pensaban hacer una barbacoa en el jardín,
lo suspenden para el próximo domingo.
¿Qué haces ahora?
Estás cerca de un cine donde proyectan una peli que te interesa.
Aunque es muy difícil aparcar por esa zona, después de un rato
lo consigues. En el camino pasas por una pizzería, mmm...,
qué olorcito... aún no has comido, entras y pides al camarero.
Miras alrededor. Pero hombre, ¡si es Marisa! Hace siglos
que no la ves. Te acercas a saludarla y te invita a compartir la mesa
con ella y su amiga...'
            Podríamos seguir así ad infinitum...

¿Y que hay de esas emociones disturbadas
de las que no puedes liberarte,
aunque vayas a meditar con los tibetanos todos los miércoles
y participes en un grupo de terapia desde hace tres años?
Y aunque te prometes día a día 'ser mejor', 'cambiar y ser amable',
'no enfadarme con mi familia', 'no someterme a los demás',
'estar siempre feliz y alegre', 'dejar de mentir',
            ¿lo consigues?

Si lo que quieres sale bien, sientes que has triunfado.
Si 'no te gustan' los resultados, te sientes un fracasado.

Claro que debemos intentar ir hacia lo que deseamos,
sin duda alguna, pero el resultado,
o cuando ocurrirá, —si es que ocurre—, ¿quién lo decide?

Entonces:
¿Existe la 'libre voluntad'?
¿O existe la Vida ocurriendo y ofreciendo,
mientras nosotros vamos tomando?

*Entrégate a fluir con el movimiento de la Vida
intensa y plenamente...*
*Viviendo cada experiencia con el Corazón y el Alma
abierto a vivenciar la Existencia en su plenitud
...con todo lo que trae...*

▌ DESCANSAR EN LO INEVITABLE

...y cuando en este Viaje
llevamos con nosotros la Inocencia de la Intuición
—que es el único equipaje que necesitamos—
fluimos por el Río de la Existencia
sin temer las aventuras que van surgiendo...

Cuando brota en ti esa casi constante sensación
de vivir equivocado,
recuerda: No hay error.
Todo lo que sucede es porque así es y así tenía que ser.

Aceptar la inevitabilidad de lo que ocurre
y descansar en lo que sucede, es un gran alivio.

Si te sientes 'perdido' porque se acaba el camino por el que ibas,
pues toma por otra ruta.
Siempre hay nuevos caminos hacia delante.
¿Por qué tienes que saber exactamente lo que va a pasar?
Lo que te asusta es ir a lo nuevo porque no lo conoces,
no puedes preveer nada.

No sabes en que resultará, no conoces el final de nada. ¿Y qué?
Sufres porque temes que 'pase algo malo'.
Al fin y al cabo, si de todas manera *sucede lo que tiene que suceder*,
¿para qué empecinarnos en saberlo todo, en que se realice
tal como 'suponemos' que debe ser'?

Disfruta de la alegría de conocer lo nuevo,
como cuando vas de vacaciones,
con el ánimo dispuesto, listo a relajarte y que las cosas sucedan.

Relájate
Ábrete a tomar
La Vida se ocupa por ti...

▌| DEJÁNDONOS LLEVAR

Desde una Visión de Belleza
cuando nos dejamos llevar
y no nos preocupa imponer los deseos del pequeño 'yo'
a la voluntad del Destino
la Vida cotidiana se vuelve puro disfrute

Al observar nuestro organismo podemos notar
que hay un conocimiento Superior que lo guía,
que solo una mínima parte de nuestro funcionamiento orgánico
depende de nuestra voluntad o intencionalidad.
Cuando quieres dormir y no puedes, te das cuenta de
que aunque nos hayan enseñado que podemos controlar la mente,
disciplinar el Cuerpo y mandar sobre nosotros mismos,
el insomnio nos está demostrando que no hay nada
que podamos hacer, que cuanto más lo intentamos,
más empeora la situación.
Y cuando nos enfermamos de golpe y casi no podemos movernos,
¿dónde estaba el supuesto 'control'
que creíamos tener sobre nosotros mismos?

Uno se construye historias y puede creérselas durante años,
no importa lo absurdas que sean, ni lo inverosímiles.
Te las llevas contigo, ni siquiera dudas que sean mentiras,
hasta puedes llegar a ser feliz engañándote con tus sueños.

También suele ocurrir que la Vida siga tus sueños, tus deseos;
ahí es cuando sientes que 'controlas', y que sabes lo que haces.
Pero de pronto las circunstancias dejan de jugar a eso y tal vez,
en un instante, todo se desmonta, se desvanece.
Entonces te desmoronas.
Sientes que la vida es dolorosa, no te resulta grata,
no sucede lo que deseas, has 'perdido el control', que obviamente,
nunca has tenido

El ser humano es infeliz porque no puede aceptar
que la vida es tal cual sucede,
que todo lo que ocurre es manifestación de Consciencia
y la voluntad humana no puede cambiar el rumbo del destino.
Las cosas suceden en un devenir imprevisible, inevitable,
lo cual no significa nada malo. Al contrario,
eso es la sal y pimienta de la vida, la sorpresa de lo fresco,
de lo nuevo, de lo que no conocemos, ni llegaríamos a conocer
si realmente 'controlásemos' todo.
Cuántas experiencias vividas no hubiesen sucedido si realmente
fuese tan fácil decidir lo que queremos que pase.
Seguramente el mundo sería un sitio casi estático y sin novedades.
Aburridísimo. Por otra parte, el movimiento de la Vida es real,
no tenemos ningún 'poder' para cambiar el devenir de los hechos.

La buena noticia es que llega un día en que algo sucede
en ese artefacto fantástico, en esa pura imaginería que es la mente
y de repente, dejas de ver como 'tuyos' esos sueños, esas historias,
las tienes delante y las miras como si mirases a otro.
Es la alborada del Despertar.

En el único momento en que realmente podemos hacer
todo que queremos es en la fantasía, en la imaginación, ahí volamos
y llegamos a donde deseamos. Luego los hechos se encargan
de materializar —o no—, eso que soñamos.

Tenemos libertad de elegir entre lo que hay —cuando podemos—:
'quiero un café', 'te hago un té', 'prefiero ensalada que pasta'.
'Me gusta un Porsche, pero solo tengo dinero para un usado'
'Quiero una casa y me tengo que conformar con una habitación'.
'Vivo sola, añoro tener pareja, pero no la encuentro'.

Reflexionemos un poco:
¿Ejerciste tu voluntad para ser concebido y crecer
en el útero de tu madre?

¿Podemos nacer y morir cuando queremos?
¿Cuánto tiempo podemos vivir sin respirar, sin Aire?
¿Cuánto tiempo viviríamos sin comida, sin Agua?
¿Cuánto tiempo sin dormir?
¿Puedes utilizar tu voluntad para permanecer vivo en este momento?
¿Y en los próximos minutos, semanas, años?
Estamos hablando de HECHOS, de lo que realmente pasa,
no de 'creencias' supuestas, ideas
o hipótesis que no se pueden probar.

Y esto se sigue extendiendo, pues si observamos notaremos
que inclusive las personas que nos rodean son las que la Vida
nos acerca, las que pone en nuestro camino.
¿O acaso elegimos de quién enamorarnos,
quiénes y como serán nuestros hijos?
¿La afinidad o amistad con ciertas personas, es algo que sucede
sin haberlo planeado, o resulta de nuestra 'elección'?

Esto es muy delicado, requiere un análisis, una reflexión.
Nadie quiere sentirse como un títere. A la mayoría le gusta
'elegir y controlar'. A nadie le gusta pensar que
el Destino tal vez esté predeterminado.
Y sin embargo, qué alivio tan grande produce
darnos cuenta de que podemos relajarnos,
y nadar en las aguas de la Vida,
sabiendo que todo lo que sucede está bien y así tenía que ser.

Evidentemente tomamos como un resultado
de nuestra voluntad y elección lo inevitable.
Es bastante obvio que no podemos frenar el fluir de la Vida,
ni evitar lo que nos pasa.

La sensación de 'libre albedrío' nos responsabiliza de todo
lo que ocurre, con la tremenda carga que esto significa.
Es, además, la causa de que los deseos se fortifiquen,
porque aparentemente, 'hacemos lo que queremos'.

Entonces, la pregunta es:
¿dónde está el supuesto 'control' de las circunstancias de tu Vida,
cuando las cosas te salen 'mal' y entras en pánico?

Haciendo un resumen, podemos decir que:
No tenemos control sobre la manifestación de la Vida.
No hay control sobre la mayoría de las funciones del Cuerpo.
Ni lo hay sobre las posibilidades que se nos presentan.
Ni sobre las consecuencias que van a surgir
cuando tomamos una decisión.
No podemos saber si decidimos 'a favor o en contra' por anticipado
porque los resultados de las acciones, no están en nuestras manos.
Tampoco tenemos un verdadero 'control' de las emociones
o sentimientos, aunque nos pasemos la vida intentándolo.

Entonces no tenemos más remedio que admitir,
que todo es un sucediendo y por lo tanto,
¿por qué no dejarnos llevar?
¿Para qué conformarnos
con ser una hoja arrastrada por el huracán,
cuando podemos dejarnos mecer
como hojas acariciadas por la brisa?

Por otra parte ¿'quien' siente que elige y tiene control?
Es un mecanismo propio de la mente emocional, del ego,
y resulta casi imposible quitarse esa 'sensación'.
Tampoco hace falta intentarlo, simplemente comprenderlo
y seguir actuando 'como si' —en— la-Vida-fuese-posible-elegir,
inventando nuevos sueños, tomando decisiones,
sabiendo que todo lo que SURGE es parte del Divino Guión.

La primera reacción de la mente emocional
a estas enseñanzas suele ser:
'Esto es horrible, qué queda de 'mí' entonces?'
Al revelársele al pequeño 'yo' engañado que es 'nadie',
no puede soportarlo.

Es entonces cuando comprende que su existencia es ilusoria
—en el sentido de que nada es permanente—,
y que no tiene 'poderes especiales'.
Como esto significa su aniquilación,
sacará todo su arsenal de recursos
para impedir que esta Verdad siga penetrando.

Qué queda de 'nosotros' entonces, luego de haber sido
—aparentemente despojados—,
de 'todo' lo que *creíamos* que éramos?
Nada, efectivamente.
Pero esa nada es primordial para entender
nuestra verdadera Esencia,
que es infinitamente más vasta, magnificente, inmensa,
que la de creerse un pequeño "yo".

Puestos a elegir, ¿qué es mejor?:
Ser un falso y miserable, sufriente y engañado 'yo' emocional
que vive en la ignorancia, asustado por el miedo y la desolación...
O ser Completo, una pura expresión de Vida, Consciente, sereno,
dichoso, libre de cargas, sin presiones emocionales.
Un Ser que comprende que está Unido a todo,
interrelacionado con el mundo y las Fuerzas Cósmicas.
¿Quién podría elegir tanta pequeñez?

Si el Entendimiento ha tocado nuestras puertas,
abrámoslas de par en par,
para renacer con una perspectiva enorme
de una Vida esplendorosa,
dejando que lo Desconocido
se descubra ante nosotros con su total magnitud.

¡¿Qué mayor libertad puede existir?!

¿Y qué queda de 'ti' después de aceptar esta Verdad?
Haz lo que te apetezca, lo que deseas...

Cualquier cosa que sientas que quieras hacer, hazla sin torturarte.
Nada-es-más-importante-que-otra-cosa.
Todo es como es y tiene que ser.

Perder el miedo a vivir nos alegra, nos vitaliza,
amplía nuestra claridad
y podemos trabajar y resolver los asuntos cotidianos,
con serenidad y mucho más eficientes,
porque actuamos con seguridad.
Estamos disponibles para lo que haga falta.
Entonces lo que sucede es que la agitación y las tensiones
por lo que pudiera ocurrir el 'día de mañana' se aflojan
y las tareas ya no nos agobian.

Tampoco estoy diciendo que aceptemos cualquier cosa
que nos suceda sin intentar resolverla.
No se trata de pasividad, ni de quedarse idiotizado,
o de vivir como un zombi.
Al contrario.
Si se inunda tu casa, intentarás quitar el agua;
si te chocan el coche, pedirás los papeles del seguro
para que te paguen.
No te pondrás a matar a la gente 'porque no soy responsable'.

El Juego entre Humanos no cambia
porque hayamos entendido
cómo ocurren los hechos.

Lo que sí digo es:
Soñemos con lo que más nos gusta…,
luego aceptemos los resultados, las consecuencias,
con la misma disposición
con la que admitimos nuestros sueños.

Aceptar todo tal cual es y dejarnos llevar
es un reconocimiento Incondicional de Amor por la Vida

▌| EL CAOS

No tengo propósitos porque la Vida no los tiene...
Confío en el bello y sin sentido Caos de la Existencia
estoy lista para ir hacia donde me lleve...
Voy siguiendo esa energía desbordante
abriéndose, floreciendo, danzando...
Nunca pregunto por qué...

Cuando todo está revuelto a tu alrededor
tienes que ocuparte de ordenarlo,
esto no excluye que lo hagas con tranquilidad.

Recuerda en todo momento que
la Vida es movimiento constante, energía dinámica.
Esto te ayudará a entender
que el caos es un momento de ese movimiento
y tarde o temprano volverá el orden.

Asiente al caos, dile Sí,
'me ocupo de esto, es ineludible que así ocurra'.
Inclúyelo Consciente de que es parte de la Vida,
igual que la respiración, el latir del corazón,
la salud y la enfermedad.

En lo Desconocido está lo que da sabor.
Seríamos como robots aburridos si nunca pasase nada.
Lo constante es la incertidumbre.
Siempre. Aún en los momentos en que no pensamos que lo sea.

Lo que nos da miedo es no 'saber'
y creer que lo que 'suponemos' es cierto.

Es la Vida quien decide y solo podemos conocer
lo que va sucediendo a medida que ocurre
No podemos anticipar el final...

▮ | EL MIEDO A LA VIDA Y A LA MUERTE

Cuando la niebla cerrada te impida ver adelante
Mantén la calma
Mientras estés vivo
siempre encontrarás la Luz de un nuevo camino

Es que uno nunca sabe lo que va a suceder...
Esa es la Magia de la Vida

Muchas veces te da miedo el futuro.
No sabes por qué ocurren las cosas, esperas siempre lo peor,
todo te parece injusto

Te amargas por lo que está fuera de tu alcance
y tu ansia por sobrevivir te impide vivir el presente.
Es imposible saltar al futuro y saber qué es lo que va a suceder.

Todos entendemos que el Cuerpo es frágil,
sabemos que puede enfermar y que un día caerá al suelo inerte.
También sabemos que la Vida es un regalo pasajero:
Y ni aún sabiéndolo nos damos cuenta de que
es una oportunidad única,
de que es un milagro que estemos aquí.

Por eso te digo:
No hay un momento siguiente, solo hay este instante Eterno.
Nada permanece.
Ni siquiera nuestro Cuerpo, ni los que amamos, nada...
Ese es el Gran Misterio y el más difícil de aceptar.
Nada de lo que tenemos nos pertenece.

Dejaremos aquí en la Tierra todos nuestros objetos,
nuestros sentimientos y nuestras relaciones.
Dejaremos todas las obras y riquezas que hemos acumulado,
y por las que hemos pagado un alto precio,

porque en el juego de lo material no se da nada,
ni se tiene nada por nada.
Por todo se paga.
Entender y asentir a esto es vivir Consciente. Vivir sin velos.

Sabiendo que hemos de seguir en acción, creando,
consiguiendo lo que nos apetece, lo que necesitamos,
trabajando, comiendo, amando, riendo y llorando,
inmersos en el Juego de la Vida con total intensidad.
Atentos a lo que aparece,
a las repeticiones, a las sorpresas,
a lo conocido y a lo desconocido.
Conscientes, claros, abiertos, frescos.

La creatividad consiste en resolver de la mejor manera posible,
a través de la Consciencia Intuitiva,
presentes, disponibles;
sin agobiarnos, sin condenar la situación y aborrecerla,
cuidándonos el interior para que permanezca prístino.

Solo aquel que tiene miedo de vivir tiene miedo de morir.
Quien no vive plenamente, celebrando estar vivo
tiene miedo de perder ese 'algo' que aún no ha disfrutado.

El miedo es igual en todos.
Miedo en los pensamientos,
en lo que hacemos,
cuando nos falta algo,
aunque lo tengamos todo.
También cuando odiamos;
y cuando amamos miedo a perder el amor.
Cuando sufrimos tenemos miedo de no recuperarnos.
Cuando estamos sanos, de enfermarnos.
Y si estamos enfermos, de no curarnos.
Tenemos miedo de perder las relaciones,
el éxito, el prestigio, las posesiones.

Nos da miedo perder todo eso tan pasajero que nos parece tan real,
y con lo que estamos identificados.
Parecería que las religiones, creencias, prácticas, conceptos,
fueron creadas para calmar ese miedo.
Pero ¿cuál es la base de tanto temor?
Siguiendo con esta Visión nos damos cuenta de que
nos da miedo perder la Vida, dejar el Cuerpo.
Es la posibilidad de no-ser, de desaparecer,
la que crea una inseguridad básica tan profunda
que nos pasamos toda la vida
intentando escapar de esta sensación.

Es-tener-miedo-del-miedo-que-da
imaginarse algo que no está pasando.
Y que sabemos que inevitablemente ocurrirá...
¿Para que anticiparnos?

Reconozcamos que somos Uno con la Vida
que vamos juntitos, siempre...

Abrámonos como esa flor que se ofrece al Sol esplendorosa
apuntando alto para alcanzarlo...
Y como la rosa, un día dejemos caer los pétalos
en el mismo sitio de donde hemos surgido...

Aquí
en este Planeta de Amor...
Aquí
que es donde permaneceremos por toda la Eternidad...

▌I LA VIDA TOTAL

Atrévete a nadar libremente
en las Aguas de la Vida
Abre tu Corazón...
Abre tu Alma...
Siente dentro de ti
...el Amor...

Para amar la Vida Total desde el centro de tu ser
y sentirte bien bajo la propia piel,
tienes que levantar la mirada de tu ombligo, de 'lo personal',
de 'lo que me pasa a mi', de 'lo que yo estoy sintiendo',
de 'lo que yo pienso',
para abrirte a una perspectiva más amplia que todo lo abarca
y mirar LA Vida tal cual es
Sin los velos de las falsas creencias, de 'mis' puntos de vista,
o de 'mis' opiniones 'personales'.

Porque si tan solo estás interesado en esa idea que llamamos
'yo mismo', centrado nada más que en lo que sientes y piensas,
no puedes llegar a vislumbrar
la inmensidad y belleza de la Existencia.

La posición del pequeño y falso 'yo' es muy limitada y estrecha.
En cambio, si logras girar la Visión, ampliar la perspectiva
y mirar LA Vida en lugar de 'mi' vida,
sentirás un impacto muy profundo que hará surgir en ti
un claro y profundo entendimiento de cómo son las cosas.
Mirando sin la mediación de un 'yo' engañado y sufriente,
sin culpa, sin miedo,
saliendo de la jaula en la que estás encerrado muerto de miedo,
buscando la seguridad.

Amar LA Vida Total desde el Ser, desde lo profundo de tu Alma,
es amar todo lo que se manifiesta, sin distinciones,

ni valoraciones, ni prevenciones, sin resistencias.
Para lograr perder la 'razón' y mirar con el Corazón.

Con una Visión de Totalidad, renacemos.
Como si por primera vez pudiésemos aspirar
el perfume embriagador de la inmensidad de la Vida,
impregnando nuestro Ser.
Asombrados por la aventura interminable de lo Desconocido
que se manifiesta a cada instante ante nosotros.
Con el alivio de entregarnos al potencial de la Vida ocurriendo,
a lo que está sucediendo así, tal cual es, en paz.

En este espacio paramos de 'pelear' con los hechos.
Dejamos atrás el miedo que produce creernos separados del Todo,
responsables de lo que nos sucede, solos, aislados.
Dejamos de sentirnos indefensos, más bien tenemos la certeza
de que la Vida siempre nos ofrece
lo que necesitamos en cada momento.
Aprendemos a estar atentos, así,
cuando aparece la oportunidad,
la vemos, la tomamos.

Y desde esta perspectiva Impersonal
podemos abrirnos al espacio Infinito.
Nos abrimos a todos los seres, sentimos el Amor y la compasión
vibrando en nosotros.
Nos abrimos a nuestra Esencia, a la Naturaleza
y nos entregamos a disfrutar.
Con certeza, sin miedos.

Percibimos que ese dolor en los ojos del otro es el mismo
que surge en nosotros,
igual que la alegría que también es la misma,
así como esos deseos y necesidades que se manifiestan en todos.

Yo, tú, los demás, el mundo, somos Uno...
Somos Consciencia expresándose

▌ VIAJAR SIN EQUIPAJE

Al relajarnos y descansar en la certeza de que no sabemos nada
damos muestra de la más genuina humildad y Amor por la Vida

Por qué no aceptar sólo este instante,
dejando que cada momento
se revele en su magnitud y frescura,
en el viviendo directo y espontáneo.
Y en ese delicioso fluir, nos desligamos de las cargas.
Vamos soltando las memorias del pasado,
que nos susurraban cómo reaccionar ante los acontecimientos
que ocurren en el Ahora,
en el palpitante y vital Presente Continuo.
No necesitamos ese pesado equipaje de creencias obsoletas.

Es agotador tener sobre nosotros
el peso del conocimiento acumulado
y cargarlo por donde vamos.

Cuando vivimos en la Claridad del momento,
          no cargamos información congelada, ni opiniones ajenas.
No hace falta que coleccionemos conocimientos intelectuales
          para responder directamente a los hechos.

Aunque creer que sabemos nos dé una aparente seguridad
acerca de cómo es todo,
esto es nada más que orgullo y sentido de auto importancia.
Necesitamos tener la convicción de que 'sabemos'
porque el 'ego' nos hace creer de que hay barreras
y de que estamos solos frente a lo que ocurre.

Sin esta presunción, tan cambiante por otra parte, no estaríamos
encerrados en una opresiva limitación de Visión y de acción y,
al mismo tiempo, no estaríamos distraídos ni preocupados
por ideas y creencias pasajeras que nos separan del Todo.

Y como también sabemos que la información que retenemos
no nos 'protege',
ni nos sirve para nada,
nos confundimos
y entramos en pánico.

Para entender y ver con claridad no es necesario
buscar más y más información y prácticas.
Mejor es comprender que no hace falta forzar nada,
más vale parar, suavizar todo,
desligarse de esa urgencia por acelerar los procesos.

> ¿Prisa por llegar adónde?
> ¿Adónde podemos llegar?

Nacemos sin saber, a menos que se nos enseñe
o que aprendamos imitando.
El bebé humano no sabe autoabastecerse
ni conseguir alimentos por si mismo,
no sabe hablar ni caminar, excepto una cosa con la que indica
sus necesidades vitales: *llorar*.
Durante siglos el ser humano ha investigado e intentado 'saber'.
¿Ha disminuido nuestro llanto
a medida que aumentaron nuestros 'conocimientos'?

Ya Homero se lamentaba diciendo que
> *'entre todas las criaturas que respiran bajo la faz de la tierra*
> *nadie es más triste que el hombre'*

Sin embargo insistimos en 'adquirir sabiduría',
alejándonos cada vez más de lo que tanto ansiamos,
del único saber que verdaderamente necesitamos,
el de conocer quiénes Somos,
reconocer nuestra unidad con la Naturaleza de la Vida.
Y esto es lo único liberador, porque nos coloca inmediatamente
en la experiencia directa de lo que está ocurriendo tal cual es.

Desde la convicción de que 'yo ya sé'
no hay espacio para lo infinito, para lo ilimitado.
Y así es como todo se estanca y se frena
y no hay receptividad para lo Desconocido,
donde se expresa la Vida revelándose instante a instante.

Al ir encontrando la Fuente ilimitada de conocimientos
desde el saber de que todo es-siendo
y que no hay nada que podamos conocer anticipadamente,
comenzamos a presenciar,
con la Visión inocente y sorprendida,
lo que se abre ante nosotros en lo Desconocido del viviendo.

Es preciso tener claro que ningún momento de la Vida
está separado de lo Desconocido, todo está incluido en él
aún lo que se está conociendo

Y así se genera un entusiasmo natural e interesado
de seguir en la película cuyo guión se va desvelando
desde lo ilimitado del no saber.

Creer que uno ya sabe es paralizante, pues no nos deja avanzar
y nos enquista en un lugar donde todo es imposible,
donde ya nada nuevo puede ocurrir.
Además, todo lo que creemos saber
son solo conceptos no permanentes, cambiantes.

Ciertamente la Vida nunca se repite igual, aunque haya analogías.
Si investigamos con atención los detalles de cada día,
podemos observar que nunca sabemos lo que va a ocurrir.
Aunque lo cotidiano parezca repetirse,
cada día, cada momento, es diferente de los demás.

Si no sabemos, vivimos la sorpresa y la frescura de la novedad.
Si ya sabemos, todo se transforma en rutina y reiteración.

La única y verdadera Sabiduría, es la de saber que no sabemos.

Los recursos del pasado sirvieron para lo que entonces sucedió, no para lo que ocurre ahora, aunque las situaciones se parezcan. Desde esta comprensión toda nuestra atención y energía están disponibles en lo que estamos viviendo.

La verdadera Sabiduría es la de aprender en el viviendo
es decir... aprendiendo del momento
entregados a lo que se va revelando
y en la comprensión
de que no hay ningún saber que debamos retener

E inmersos en esta revelación nos deshacemos
del molesto e inútil peso del 'saber acumulado' y podemos
viajar sin equipaje, libres, ligeros, sin nada que cargar...

▮I SER LIBRE

Soy libre para deleitarme con el brillo del Sol iluminando mi camino
y para danzar en la noche oscura bajo las estrellas y la Luna
Y lo soy cuando me entrego a la Existencia dejándome llevar...

Nos liberamos cuando ya no tenemos creencias rígidas,
cuando las ideas dejan de engañarnos,
cuando aceptamos el devenir de las cosas y de lo que ocurre,
abrazando la vida tal cual es.

Somos libres cuando ya no hace falta algo 'especial'
para sentir alegría,
cuando no tenemos hábitos con las relaciones, ni con los objetos.
Cuando todo es fresco y disfrutamos sin expectativas,
al estar aquí ahora con quien estamos y con todo lo que hacemos,
sin elegir quién o qué.
Cuando agradecemos espontáneamente lo que vivimos.

Libre es aquel que no se perturba por lo que le pasa al Cuerpo,
aunque lo cuide con Amor porque es su Santuario en el mundo.
Y es libre él que cuando su Alma sufre, levanta su mirada al cielo,
mirando pasar las nubes,
mientras permanece en la calma quietud de saber
que las nubes oscuras del dolor, también seguirán su camino,
y regresará la alegría de la claridad.

Libre es el que saca la mirada de su ombligo,
del ensimismamiento 'consigo mismo',
y la levanta ampliándola hacia la Totalidad del Universo,
hacia lo Eterno,
viviendo este instante tal cual es.
Sin quejarse, ni preocuparse,
pero haciendo lo que hay que hacer con armonía.

Todo es muy simple cuando somos libres...

BIEN – ESTAR

∎I TODO ES VIDA

Cuando siento el Milagro de la Vida
Vibrando en mi cuerpo
También percibo la Presencia de Dios
En todo lo que existe

El milagro y el misterio de la Vida están en todo lo que vemos,
hacemos, tocamos, olemos, sentimos…
Están en lo visible y en lo invisible a nuestros ojos,
en el orden Cósmico y también en el Planeta.

En la fuerza poderosa del Sol que nos ilumina el día,
en la Luna y las Estrellas que nos regalan su luz por la noche,
en las Aguas frescas
y en el Aire que nos respira y nos da el perfume de las flores.

Todo es Vida que palpita en ti.
Palpita fuera de ti.
En cada ser viviente.
Y en todo lo que existe.

La Vida es Dios, lo Infinito y es la Diosa Madre Terrenal.
No hay dos. Todo es el Uno.

Cuando te miro
Veo la cara del Amor…
Te veo en Todo…
Te veo en Mi…

▌| LA GRATITUD

Solo por hoy siente la Naturaleza que nos regala su amor
como que una flor que se abre y se eleva
para recibir la luz que viene del cielo...
Abre tus sentidos y vive la Belleza...

Muchos nos sentimos afortunados en algunas cosas.
Para mí la verdadera fortuna
es sentir una gratitud amorosa por estar vivos,
por nuestro Destino
y por la comprensión de que la Vida es un Regalo Divino.
Cuando entendemos esto, se acaba la búsqueda.
Ya lo tenemos todo.

Si nos damos cuenta de la protección que nos da la Vida,
el miedo se serena,
y da lugar a la gratitud espontánea que surge del Amor,
que es lo natural.

Hay tantas maneras de agradecer,
para darnos cuenta de lo que recibimos.
A mí me gusta bendecir cada día con alegría.
Con cada amanecer, me deleito con las paletas multicolores
que se desparraman por el cielo,
con el Sol iluminando el mundo,
sintiendo la tibieza de sus rayos penetrando en mi piel.
Disfruto en calma cuando me alimento,
recordando que Madre Terrenal
nos da sus frutos, nutriéndonos incondicionalmente.
Sé que si actúo con calma y de buen ánimo,
haciendo todo con el Corazón y estando presente
no importa cuál sea la tarea, brillará la alegría.

Cuando vas al mar, deja que te abrace...
Cuando respiras, siente el aire que te penetra...
Y cuando comes recuerda de donde salen tus alimentos...
Ama la Vida...

Haz la prueba.
Mientras construyes tu casa, por ejemplo,
recuerda de dónde salen esa arena, esas piedras.
Y cuando te pones la camiseta de algodón,
piensa que el algodón crece en la tierra.
Imagina a quién lo sembró y lo recogió para que te proteja.
O ese jersey de lana que te abriga, recuerda a las ovejas
que se sacrificaron para calentarte.
Agradece a los que están trabajando en el campo
para que puedas comer.
Siente gratitud y bendice tu divino Cuerpo
que te lleva a recorrer el mundo.

Pregúntate acerca de la Consciencia Cósmica
que hace funcionar todo.
Observa el conocimiento que revelan las plantas que dan alimentos,
los ciclos de evolución de los que surgen siempre los mismos frutos,
nunca se equivocan.
Tampoco hay error en el ser humano.
Somos como somos porque así fuimos diseñados para ser.

Solo por hoy…
Siente tus actividades como un ritual amoroso
y expresa tu Gratitud en lo que hagas…
hacia quienes tienes cerca…
Mira la Gracia que te rodea

∎| PERDONAR o BEN-DECIR

¿Qué quiere decir 'yo' perdono?
Simplemente significa:
'yo tengo razón, no tú'
'tú eres quien se ha equivocado'
'yo soy la víctima, la buena'
'tú eres culpable'

Perdonar es bastante arrogante.
En cambio si asientes a lo que ha sucedido, aunque te haya dolido,
y ben-dices la situación,
te lleva a aceptar la Vida tal cual ocurre y amar al otro tal cual es.

Comprendiendo que nadie es mejor-ni-peor-que-los-demás,
que la otra persona sufre y disfruta igual que tú,
que nada es tan grave e irreversible
como para guardar resentimientos;
que finalmente siempre es mejor preservar la armonía.

Mirando lo que sucede con una visión de Amor,
manteniendo el Corazón abierto,

Cuando 'perdonas' te pones en una posición de 'superioridad'.
Al bendecir, bendecimos lo que nos sucede,
nuestras propias vidas, nuestras relaciones.
Perdonar hace bien, sin duda alguna…
Bendecir es dar un paso aun más adelante.

Bendecir es decir bien, desear el bien, iluminar con amor.
Es bendecir la Vida ocurriendo.

La diferencia del efecto entre 'perdonar' y bendecir
se percibe en la alegría del Alma
y en el bienestar de las relaciones.

▮ SIN COMPARAR

Cada uno de nosotros es una expresión de Vida,
tal como la Existencia quiso que seamos,
iguales y al mismo tiempo únicos e irrepetibles.

Es absurdo compararnos con los demás,
sintiéndonos a veces mejores, otras peores.
La roca no se compara con el mar,
ni la arena con los peces.

Recuerda que nadie vive 'mejor' que nadie.
Cada uno vive su propia Vida.

Mejor dale un enorme Sí a tu Naturaleza particular,
a ese que eres, sintiéndote a gusto en tu propia piel,
y verás cómo al mismo tiempo comenzarás
a dar un Sí rotundo a los demás,
a las circunstancias,
a la Vida.

Ama a los demás y respeta su Vida,
de la misma forma
que tú quieres ser amado y respetado.

∎1 RECIBIENDO DE LA ACCIÓN

La Vida en su movimiento constante
te lleva al dinamismo de la acción.
En esa acción, consigues lo que necesitas.
Eso es trabajar: colaborar con la Vida para darte bienestar.
Es la actividad natural
que nos lleva a conseguir lo que necesitamos.

No es un castigo y si lo sientes así
es porque lo haces tenso, obligado, sin relajarte.
O tal vez el trabajo no lo haces con el Corazón,
soñando con estar en otra parte,
haciendo otra cosa.

Dentro de tu Ser está la respuesta.
Tu Alma te susurrará una inspiración
para que encuentres un camino
que te dé satisfacción y entusiasmo.

En este Planeta tenemos todo lo que hace falta
para permanecer vivos,
todas las posibilidades de sobrevivir.
Pero si a la acción
le sumas el peso de los pensamientos agobiantes,
y no disfrutas de tu tarea, se hace duro.

Cuando trabajes, no te quedes amarrado a lo que piensas,
esa es la razón de tu inquietud.

La clave es estar calmo y poner la atención
en el Cuerpo y en la acción,
sin anticipar obstáculos que aun no existen.

Y si confirmas que existen,
        no te quedes ronroneando problemas,
                más bien ponte en marcha y resuelve.

▌1   VIVIENDO EL PRESENTE   LA PRESENCIA CONSCIENTE

Aquí es donde estás
sólo existe este momento, este instante...
No tienes otro sitio donde ir
ni existe otro lugar donde estar
que éste donde te encuentras
y haciendo lo que haces...

Te cuesta permanecer en el Presente.
Como casi todo el mundo, estás centrado
        en lo que vas a hacer en el momento siguiente,
        en lo que vendrá,
        en la ilusión o el miedo del logro que buscas.
Sin darte cuenta que este instante, el Ahora, es tu esencia,
lo que realmente Eres.

El Presente es el único espacio de libertad y quietud,
sin condicionamientos,
sin miedos ni esperanzas, sin deseos, sin esfuerzo, sin tensiones.

Quisieras estar en el momento siguiente porque no soportas este
y el deseo de evadirte te da el impulso para seguir
buscando la dicha en lo que vendrá.
En este instante no hay miedo, no pasa nada, todo es quietud
y silencio y sientes con intensidad tu Presencia interior
Es un espacio donde la dolorosa polaridad mental
'miedo-esperanza', desaparece
y te libera de querer huir de la Vida total, de tu verdadera Esencia.

Despertar no tiene nada que ver con buscar afanosamente
más información o encontrar nuevos métodos para calmarte.
Es mucho más simple y fácil:
El secreto que te lleva a la paz interior
es vivir este momento desde la Presencia Consciente, aquí, ahora...

Haz de ampliar tu Visión para dejar de caer
en la estrechez de la traidora mente emocional que te atormenta.

Tu relación con la Vida tiene que ser enorme, infinita,
permanecer abierto a lo que ocurre, espontánea y naturalmente.

Tómate a diario unos instantes para ti
—no hace falta que sean largos, ni tampoco un lugar especial—,
donde simplemente:

> ☞ *Cierra los ojos por un momento...*
> ☞ *Siente tu Cuerpo*
> ☞ *Escucha el Silencio interior de tu Ser...*
> ☞ *Siente tu respiración... siente tu cuerpo...*
> ☞ *Siente la Vida que vibra en ti...*
> ☞ *La Vida es tu Presencia, siéntela...*
> ☞ *Disfruta de la quietud del Silencio...*

Ya está. Qué simple, no? Y sin embargo has hecho
un contacto Consciente con tu Presencia de Vida, lo que eres.
En el Silencio Interior eres Uno con la Vida.

¿Cómo vas a sentirte completo si no estás viviendo el Presente?
El Pasado y el Futuro son solamente pensamientos de tu mente.
Tu Cuerpo está aquí. En cambio tu mente navega
por otros espacios. Por eso no te sientes completo.

Contempla este mágico Planeta que es nuestro hogar
> *¿puedes darte cuenta de lo que recibes?*

> *No sientes acaso cómo la brisa acaricia tu piel*
> *y la tibieza de los rayos de luz que del cielo bajan...*
> *No te deleitas con el índigo de la noche que hace brillar*
> *aún más la belleza de las estrellas, el resplandor de la Luna ...*

> *Y en lo invisible, este manto de complicidad*
> *esta intimidad que nos une a los que amamos*
> *que hace palpitar nuestro Corazón por la alegría*
> *de estar juntos, seguros, sin nada que nos amenace*

> *En el Eterno Presente todo se resuelve*
> *y en esta certeza podemos aceptar todo tal cual es*

▌| EL SER COMPLETO

Abre los ojos
Abre tu Alma
Vivir a medias no te satisface
Vive Completa e intensamente

¿Necesitamos 'cambiar'?
¿Para ser 'mejor'? ¿Mejor que quién?

Prefiero ser Consciente.
Claridad es lo que necesitamos, es lo que nos lleva a
una Visión de Belleza y nos hace ver todo con Amor.

Si te observas, probablemente encontrarás que por momentos
te sientes poderoso y al rato insignificante.
Notarás que en tu interior hay conmoción, te peleas contigo mismo,
con los demás, supones que algo malo puede pasarte.
La opresión y las tensiones solo te permiten estar bien de a ratos,
la mente emocional, siempre temerosa, no para de amenazarte,
invade tu organismo y lo intoxica con pensamientos nefastos.

Quieres ir hacia tus sueños, pero te frena la inseguridad.
O por lo contrario, vas hacia ellos como un luchador,
pero no quedas enteramente complacido
aunque logres conseguir lo que querías.

No se trata de ser capaz o incapaz, seguro o inseguro,
correcto o incorrecto.

De lo que se trata es de Ser Completo

Y para eso tienes que darte cuenta de que nadie, pero nadie,
está separado de la Totalidad de la Existencia
Y lo repito tantas veces porque es esencial saber quiénes Somos,
para ser dichosos y vivir en paz.
Todos formamos parte de la Vida, nacimos de Ella.

Lo que habita este Planeta, las plantas, los animales, las montañas,
las piedras, el Agua, el Fuego, el Aire, la Tierra, los Planetas,
el Universo completo, está VIVO.

> *Por eso yo tengo la certeza de que*
> *la Vida es Dios*

Tú, yo, el mundo, somos Un solo Organismo
que late al pulso de la Vida.
Nunca has estado 'fuera', siempre estás AQUÍ...

Cuando al fin entiendes que eres pura Vida,
entonces se acaba la división.
Y ya no juzgas. No porque 'está mal juzgar', sino
porque no ves nada más que movimiento
y tu propia Presencia inmersa en lo que sucede,
incluido como 'uno más' y te entregas Incondicionalmente.

> Y esto, exactamente esto es Amor, es ser Completo,
> Consciente, Despierto, Iluminado.
> Esto es vivir en Claridad, es vivir en la Belleza

Muy simple. Todo es muy simple.
Lo demás es mito para decorar esta simpleza.
Cursos, curaciones, maestros, libros, Meditaciones,
Métodos, Técnicas,
son entretenimientos placenteros y útiles muchas veces,
que ayudan a comprender y soportar mejor la vida material,
para llegar a esta Verdad tan sencilla
que es entender quién Eres:
> Un Ser Cósmico parte del Universo Infinito
> inmerso en el Juego
> Unido a la Vida y a los demás por lazos invisibles

Como decía el poeta León Felipe
> *'...y no es posible huir, no es posible ninguna huida...'*

> ¿Quiénes somos nosotros, los Humanos, para juzgar
> el Juego de la Vida, el dinamismo de la Totalidad?

▮| ABRAZANDO LA VIDA TAL CUAL ES

Abrazar la vida tal cual es fluir en el viviendo
En una deliciosa y calma armonía
Sin ningún motivo
Más allá de las circunstancias

Cuando aceptamos lo que ocurre tal cual es,
no hay contradicciones.
Por lo tanto no hay tensión.
Logramos claridad cuando entendemos que las cosas
son tal cual suceden.

Ser espontáneos y libres de juicios significa que comprendimos
que no existe bueno o malo.
Existe solamente lo que estamos viviendo.

Tanzan, maestro Zen, lo expresa así:
    'Cuando como, como... cuando duermo, duermo'
Y se refiere a vivir espontáneamente. Sin pensamientos torturantes.
Con toda simpleza y presentes en lo que estamos haciendo.

A lo que agrego
    Como cuando tengo hambre, duermo cuando tengo sueño
Si tengo hambre, ¿qué hago?
¿Busco algo de comer o me quedo inmóvil?
En lo simple y siguiendo lo natural,
encontramos las más profundas respuestas.

Aceptar las cosas como son simplemente significa:
    Accionar sin 'paranoias',
    Sin pensar en pasadas experiencias, sin cuestionarnos, sin miedo.
    Resolviendo lo que sea sin agitarnos.
    Tomando las cosas tal como se presentan.

Aunque a veces tengamos que esforzarnos físicamente,
teniendo la mente en paz surge un cansancio gozoso,
un dormir satisfecho, agradecido.

La tan conocida y relajante metáfora:

"Sentado en silencio, sin hacer nada
llega la primavera y la hierba comienza a crecer"

significa que todo llega, todo pasa, todo sigue funcionando
con nuestra colaboración o sin ella.
Cuando 'no hacemos nada',
percibimos la simpleza y naturalidad de la Vida.

Y reitero,
hacer nada significa actuar sin afectarnos
por pensamientos que disturban
haciendo lo que tenemos que hacer directa y espontáneamente,
respondiendo a lo que está sucediendo con calma, sin prisas.

Un paso después del otro.
Al cabo del día nos daremos cuenta de que
hemos estado en acción todo el tiempo y sin embargo estamos bien,
porque la mente no se ha cargado con el peso
de 'todo lo que tengo que hacer'.

Lo mejor es dejar atrás la resistencia a abrazar la Vida tal cual es
y abandonar el hábito de oponerte a lo que te ofrece
pensando que quieres otra cosa,
intenta aceptar que en lo que te sucede no hay nada equivocado,
¿quién puede asegurarte que las ocurrencias de la mente
son mejores que lo que de verdad te pasa?

Cuando sientes que hay obstáculos o conflictos,
es porque la mente se opone a lo que se está manifestando.
Recuerda que sus ocurrencias no son más que disparates.

Al meternos de lleno en todo lo que hacemos,
vivimos plenamente la experiencia
y luego salimos totalmente de la situación.
Así nada queda pegado,
la mente queda limpia,
sin restos, sin basura.
Sin cargas.

Si la mente no se opone,
no hay contradicciones, no hay tensiones.
Lo único que queda es la paz interior.

El momento directo no está anclado a experiencias pasadas,
por lo tanto no hay memoria, ni repetición, ni proyecciones.

Despiertos y Conscientes, tenemos Claridad,
y vivimos de instante en instante,
viajando sin equipaje,
sin cargas ni ataduras,
abiertos a lo que está sucediendo.

                    Livianos
                              Dispuestos
                                      Libres

Amando lo que vivimos
Abrazando la Vida tal cual es...

▌│ ESTÁ AQUÍ LO QUE BUSCAMOS

Cuando estamos presentes y totalmente Conscientes
de nuestra amorosa esencia
cada latido del Corazón
es una gentil danza que nos conecta a la Naturaleza
a todo y a todos...

Cuando ya somos libres de las ataduras del falso 'yo' emocional,
demandante y tirano, ya no nos interesa esforzarnos
por conseguir baratijas que solo pueden alimentar el orgullo,
porque sabemos que son efímeras, que no podremos llevárnoslas
con nosotros, cuando llegue el momento de partir.
Ya no nos estresamos para conseguir, tomamos lo que es fácil,
lo que necesitamos
y la Vida la usamos para vivir intensamente lo que se presenta
o nos apetece.

Si te obsesionas con el deseo de 'conseguir',
o esperas algo que ahora mismo no está aquí,
no puedes disfrutar del presente,
de este momento ocurriendo,
aquí, ahora.

Posponer la dicha con la espera
es estar pendiente de algo que nunca llegará...
porque cuando llegue
aparece 'otra cosa' para desear y esperar

Cuando ya sabes quién Eres
y comprendes el Milagro de la Vida
vives el Ahora y estás presente en cada inspiración

Entonces eres un Ser Completo
sientes el deleite de amar la Vida porque sí
sin 'razón' alguna

simplemente por el milagro de poder presenciarla
y sorprenderte
y al mismo tiempo seguir haciendo lo que tienes que hacer

Cuando vivimos ciegos
    se nos pasa la Vida esperando encontrar 'eso'
        que ya está aquí
            en este instante que es Eterno y completo
                que no hace falta llenar con nada, ni con nadie

Este instante
que es la suma de todos los instantes

▌ EL SANTUARIO DEL ALMA

El Cuerpo es nuestro Santuario
a través del cual el Alma vivencia su viaje por la Vida

Es en él donde sentimos nuestra Presencia,
pensamos, expresamos, experimentamos.
Es nuestra morada biológica,
donde conviven lo instintivo, la intuición,
las emociones, los sentimientos, los procesos orgánicos.

El Cuerpo sigue las reglas de la Naturaleza,
guiado por una Consciencia superior sabia, amplia,
a la que nunca cuestiona, en la que podemos descansar y confiar.

Es feliz cuando lo apreciamos, lo cuidamos
y lo mimamos con gratitud.
Cuando lo escuchamos en conexión con sus deseos, necesidades
y con lo que es realmente Natural y armonioso,
o sea, cuando es el reflejo de lo que en verdad somos.

Lo mejor para el Cuerpo es una Vida simple, sin exigencias,
siguiendo la ley del mínimo esfuerzo.
Cuando sigues las leyes naturales,
el Espíritu de la Vida no se agota. Se mantiene sano.

Lo más importante para la salud es recordar, en todo momento,
que los elementos planetarios
Aire, Sol, Agua y Tierra
son los encargados Universales de mantenernos vivos

Si esto es claro para nosotros, comprendemos
que debemos tenerlos en cuenta al cuidarnos
para sentirnos plenos mental y físicamente,
y nos resultará fácil y placentero.

⇨ AIRE
▼ La respiración plena y Consciente
es salud para los pulmones y para la mente.
▼ Lo ideal es poder recogerse cada día, en un sitio
lo más aireado posible, y quedarse en silencio,
respirando con Conciencia al menos media hora.
Esto vitaliza la mente y el Alma,
y te pondrá en contacto con la Intuición.
▼ A través de esta práctica suelen surgir luminosas ideas
y los problemas se pueden ver a través de otro prisma,
con una Visión más calma y clara.
▼ También puedes acercarte de tanto en tanto a una ventana
e inhalar profundamente varias veces. Mientras trabajas
acuérdate de inspirar Consciente de vez en cuando.

⇨ SOL
El Sol te ilumina, sus rayos te nutren.
▼ Estar bajo su luz, un rato cada día, vitaliza la energía, da alegría.
▼ Aun si vives en la ciudad, puedes pasar ese rato libre
en un parque o una plaza cercana.
▼ Para sentirte bien, lo mejor es un poquito cada día.
Irte de vacaciones una vez al año a tomar todo el Sol de golpe,
no cumple la misma función.

⇨ AGUA
▼ Beber diariamente dos litros es lo ideal.
▼ Antes del desayuno, si bebes dos vasos de Agua
a pequeños sorbos,
limpias tu organismo y lo proteges para comenzar el día.
▼ Agua pura, porque si la mezclas con limón, té o hierbas, tienes
que digerirla y el propósito es que deslice.
Si es pura, corre como un manantial por el organismo,
purificando.
▼ Si te duchas a diario, no solo limpias tu Cuerpo,
también las emociones se apaciguan.

⇨ TIERRA

En lo cotidiano, come siguiendo la regla de oro:

▼ Fresco y crudo, como base de tu alimentación.

▼ 'Desayuna como un rey, almuerza como un príncipe
y cena como un mendigo...'
El desayuno y la comida del mediodía te dan la energía
para la acción. En cambio, es mejor dormir sin que el cuerpo esté
haciendo el proceso digestivo.
De todas formas, lo que sugiero es escuchar
la sabiduría de tu Cuerpo.
Si no tienes hambre, simplemente no comas.
No fuerces nada, nunca, más vale
sigue las indicaciones de tu propia naturaleza.

✭ Comemos para nutrir el cuerpo.

▼ Es mejor encontrar el placer en lo que sentimos, hacemos,
pensamos, miramos, tocamos, olemos,
más que centrarnos tanto en el paladar.

▼ Todo lo que viene envasado y procesado simplemente está
casi muerto, ha perdido la mayoría de sus nutrientes.
Por eso muy pronto tendrás hambre,
tus células no se han nutrido.

▼ La fruta es un néctar que la Tierra nos regala para mantenernos
sanos, fuertes y gozosos. También los vegetales crudos.

✭ Pon tu atención y Consciencia en lo que te conviene.

✭ Respeta tu Santuario cuando eliges tus alimentos.

Nada se puede separar, dividir.
Si el Cuerpo está sano, la mente se calma y a la inversa es lo mismo.
La Vida es dinamismo, vitalidad; la muerte es quedarse estático.
Por eso muy importante la actividad física, la que más te apetezca.
Haz circular y dinamiza tu organismo. Puedes caminar por el campo,
por los parques, subir los cerros, hacer Yoga, nadar...
Cuando sales a caminar en la Naturaleza,
recuerda respirar con Consciencia.
Inúndate de la belleza que te rodea, así tu alma vibrará gozosa.

Hay quien se siente 'superior' porque tiene una mente.
¿Y para qué la ha usado la Humanidad?
Para dañar la belleza de los bosques, para destruir lo que está vivo.
Para exterminar las especies. Matar por matar, para hacerse rico.
Por unos papelitos que compran orgullo y comodidad
se ha destruido tanta Vida, tanta magnificencia.
Y tú, ¿te sientes superior por usar la mente?

Somos Naturaleza, por eso cuando nos perdemos en los bosques
o cuando nos entregamos a las aguas del mar,
siempre que estamos en nuestro entorno natural real
no solo recibimos beneficios para el Alma,
sino también el alimento Cósmico que nuestro Cuerpo necesita
para mantener la Vida.
Es así de simple.

No es el salario y el supermercado
        lo que nos mantiene vivos y sanos
            son los elementos: Aire, Fuego, Agua, Tierra
                es este Planeta Natural
                    la Fuente de toda Vida

Todo está interrelacionado.

Contempla la inmensidad del Universo en el que vives
el infinito cielo azul que se tiñe multicolor
con los rayos de fuego del Sol Radiante
cuya luz ilumina cada uno de tus despertares...

Danza alrededor de las estrellas
bajo la brillante luminosidad de la Luna de Plata
que te baña con su luz...

Mira a los ojos a los niños, a los animalitos
imprégnate de su inocencia, de su ternura...
Abraza a los árboles. Son tan fuertes y sólidos
aguantan nieves, vendavales, huracanes...
Permanecen bajo la lluvia, enraizados, no tienen miedo

▮I LA MEDITACIÓN

Estás Aquí. Donde sea que te encuentres

Siente tu cuerpo
Siente la Vida circulando
Permite que el Aliento que todo lo abarca te abrace
y acaricie cada una de tus células
hasta que todo lo que escuches sea el Sonido de la Vida
…el Silencio…

Permite que lo que Es ocurra
Deja que la quietud del Silencio abrace tu alma con alegría

Ahora…
Aquí…
es siempre el mejor momento

Siéntate en silencio.
El Silencio es Amor, es paz, es alegría.
Descansa…
Percibe espontánea y directamente todo lo que está ocurriendo.
Permanece en la quietud de la Presencia Consciente.
Simplemente presenciando, permitiendo que lo que ocurre, sea.
Incluye el parloteo de la mente emocional,
los ruidos externos o sonidos internos y del Cuerpo.
Sin decidir "cómo" debería ser la Meditación.

Cuando intentas concentrarte, controlando lo que sucede,
decidiendo lo que está bien o está mal, si es placentero o no,
intentando "calmar" la mente o las emociones, no estás meditando,
estás pensando, controlando.

Procura prestar atención, dejar que todo sea.
Si te concentras, estás centrándote en 'algo' por lo tanto,
estás excluyendo lo demás.
Y de lo que se trata es de abarcar todo.

Si cuando haces Yoga te esfuerzas, el Cuerpo se resiente y duele.
Asimismo, concentrarse en la Meditación
es un esfuerzo de la mente
que incrementa las tensiones y el descontento.

Meditar se convierte en una lucha de la mente
por controlarse a sí misma.

¿Para qué Meditamos? ¿Para calmarnos?
Es posible hacerlo solo para calmarnos y se consigue.
Pero el propósito de la Meditación consiste en llegar a vivir
cada instante natural y espontáneamente,
asintiendo a todo lo que se presenta,
entregados a todo lo que surge en el viaje por la Vida.

El propósito es que cada instante se convierta en una Meditación

Haz lo que tengas que hacer guiado por la Intuición del Alma,
sin que la mente emocional te presione y te dirija.
Deja de juzgar lo que ocurre por los 'resultados',
permite que lo que ocurre sea.
Sin esperar nada. Por lo tanto recibiendo todo.
Lo que duele, pasará, se resuelve.
Lo que disfrutas, lo celebras.

La Meditación, al igual que la Vida misma,
no tiene por qué ser de ninguna manera, no hay que forzar nada.
Sólo es necesario estar abierto y receptivo a todo y a nada,
despierto, alerta y relajado.

Cuando entendemos que el objetivo de la Meditación,
no es una mente quieta
donde los pensamientos no surgen, sentimos un gran alivio.
El objetivo es liberarnos de la prisión
de pensamientos, emociones y sentimientos,
no implicándonos, sin perdernos en ellos.

No importa que la mente esté cristalina como un lago.
Si lo está, bien. Si no lo está, da igual. No te afectas por ello.
Sigues en silencio, estás en un espacio de reposo, de seguridad.

Como ese día en que nos íbamos de picnic y comenzó a llover.
¿Qué podíamos hacer más que relajarnos y aceptarlo?
¿Podemos parar la lluvia? ¿Acaso podemos parar los pensamientos?
¿Por cuánto tiempo, si lo logras?

Tú has nacido configurado para pensar.
No has creado ese programa.
No puedes desactivarlo.
Solo puedes conocerlo, entender sus mecanismos.

No hay nada que uno "debería" hacer en la Meditación,
no hay nada por superar.

Todo está completo porque no hay nada que esperar,
ni hay nada por mejorar.
Simplemente, sentimos, miramos lo que está sucediendo.
Se medita para aprender a vivir así.

La verdadera Meditación transcurre instante a instante,
en todo momento, estemos en reposo o en acción.

La expresión Taoísta antes mencionada:
    'Sentado en silencio, haciendo nada
    llega la primavera y la hierba comienza a crecer'
Es una metáfora perfecta para la Meditación.
Sentados en silencio, sin hacer nada,
ni intentando controlar lo que está siendo.

    Todo va sucediendo, aun sin nuestros "esfuerzos"
    todo sigue funcionando armoniosamente

■| EL AMOR QUE NOS ENVUELVE

Por cada vez que en el pasado he actuado sin Amor
Mi Alma llora de pena...
AMOR es lo único que quiero sentir
Para sentirme en paz eternamente...

La Vida tiene un 'pegamento' maravilloso para unir
a todos los seres vivientes
...se llama Amor...
Es el ritmo sagrado de nuestra Naturaleza.
La vibración de la Vida.
El fuego que quema todo lo que no es verdadero y que nos duele.

La divina sinfonía que llamamos paz se logra
cuando dejamos la ceguera de creernos solos y separados
de la fuente de Vida
y nos afinamos a la melodía del Alma.

Si sintieras que estás siempre envuelto en la belleza del Amor...
        ¿tendrías miedo?

Si supieras que todas tus necesidades se resuelven siempre...
        ¿volverías a 'luchar' por conseguir?

Si sintieses que vives con y en la protección del Universo...
        ¿seguirías posponiendo la paz de tu Alma?

La plenitud del Amor vive en tu Ser.
El Amor es la energía que nos mueve,
mientras recordamos quiénes Somos realmente:
Pura Vida y Luz encarnados en un cuerpo.

> *El Corazón lo sabe...*
> *Vive en el Amor*
> *Eres Amor*
> *Sé Amor*

▌ EL SILENCIO SUSURRA LAS RESPUESTAS

...y cuando el atardecer asomó con su fuego
   derretido entre las nubes...
...pensé que lo que más valía la pena
   es sentir el Silencio en el Corazón...

Esta experiencia interior, que no es no escuchar sonidos
ni dejar toda comunicación con el exterior...
Es una deliciosa vivencia de quietud
que nada ni nadie te la puede quitar...

Si tu mente está llena de preguntas. Si estás desbordado
con opiniones, creencias, especulaciones, expectativas, temores
        ¿qué espacio le das a la Claridad?
Las preguntas esconden un conflicto, una duda,
surgen en tu interior y ahí se encuentra la respuesta.

En cada situación que vivimos están los elementos
que hacen falta para resolverla.
No es necesario anticiparse, ¿para qué?
Es mejor actuar directamente, en respuesta a lo que se presenta.
Calma tu mente primero y en ese Silencio encontrarás las respuestas.
Es ahí donde están y siempre han estado.

En este momento las buscas en mis palabras,
solo puedo ser un indicador para ti,
como una linterna que ilumina la oscura noche.
Pero las respuestas te pertenecen, están en ti
y encontrarlas es la única medicina que da resultados contundentes.
Si yo contesto por ti, te quito la posibilidad de autonomía,
te vuelves dependiente.

Tienes el mismo potencial que todos.
Confía en tu Naturaleza, entrégate al Ser sabio que vive en tu cuerpo,
escúchalo en el Silencio de tu Cuerpo,

porque susurra bajito para que prestes más atención
y lo reconozcas.
Llegará un día en que no tendrás más preguntas,
porque habrás entendido lo único que hay que aprender:
a vivir la Vida tal cual es, la Vida directa.

Toda la Naturaleza viviente es de la misma esencia que la tuya.
Obsérvala y verás cómo las flores se transforman en frutos y
también cómo las preguntas se convierten
en respuestas en tu interior.
Si la chispa del interrogante ya está encendida
pequeñas llamas de claridad
comenzarán a aclarar la confusión.
Solo tienes que tener paciencia y todo se ordenará.

De nada sirve "saber" intelectualmente,
lo mejor es la respuesta que surge espontáneamente
en la actividad cotidiana y que llevamos a la práctica.

¿Qué te hace falta para vivir este momento?
Todo lo que tengas que experimentar para vivir este instante,
está aquí,
y lo único que hace falta saber es eso que está sucediendo.

Lo primero es conocer el deleitante Silencio de la Vida
Con calma, cierra los ojos...
la voz que necesitas escuchar no es la mía
sino la que está en tu Corazón

Siempre ha estado ahí, desde que comenzó todo
Es como un susurro que necesita de tu Silencio
para que se pueda escuchar

VIVIR LA CLARIDAD

EN EL PRESENTE

LLEVAR AL PRESENTE LO APRENDIDO
- Los padres, los hijos
- El corazón o la mente
- La mente infantil emocional
- Tiempo emocional
- Un almacén de chatarra
- Las tormentas interiores
- La Consciencia Intuitiva

▮| LLEVAR AL PRESENTE LO APRENDIDO

LA CLARIDAD ES CERTEZA

Nos sumerge en un contacto directo y vivencial
con la totalidad de la Vida.
Nos Ilumina y desde el espacio del Alma miramos la Vida,
con ojos transparentes y nuevos, con una Visión de Belleza.
Es un arte de una total simpleza,
que surge de las profundidades del Corazón.

Antes que esto suceda, tenemos que pasar
por el Proceso de Claridad completo, que nos hace entender
CÓMO FUNCIONA LA MENTE,
dejar la identificación y sentirnos unidos.
Es un bálsamo para el Alma que nos afirma en la paz del Presente.

En el Proceso a la Claridad confluye e interactúa:
    ⇨ La comprensión de los mecanismos de la mente emocional
    ⇨ La reconciliación con los padres, con el pasado
    ⇨ Los Pasos a seguir para des-identificarnos de la mente
    ⇨ El reconocimiento de nuestra verdadera Naturaleza

En el intento de llegar a:
    ☞ Liberarnos de la identificación mental y vivir en paz
    ☞ Disolver la ilusoria idea de estar separados
    ☞ Armonizar las relaciones
    ☞ Vivir con plenitud el Presente
    ☞ Actuar inspirados por la Consciencia Intuitiva
       la voz del Alma
    ☞ Abrazar la Vida tal cual es y amarnos tal cual somos
    ☞ Amar la Vida Incondicionalmente

Los siete temas centrales del libro intentan conducirte
por este sendero.
Son parte del Proceso de auto Consciencia y Claridad.

A veces el dolor que provoca la mente
nos impide tomar y entender lo que 'no nos gusta'.
A veces preferimos 'palabras de consuelo',
que suenan bien, aunque no nos llevan
al entendimiento profundo de la Verdad liberadora.

▌| LOS PADRES, LOS HIJOS

El Corazón es puro, fresco, mira con Belleza
Las quejas surgen cuando no sabemos amar
cuando no nos entregamos Incondicionalmente
a lo que nos ofrece la Vida

Una vez que nos des-identificamos de la mente
y experimentamos Claridad, entendemos
que nuestra verdadera Naturaleza no puede ser afectada
por nada de lo que ocurre en nuestras vidas.
Pero hasta llegar al Despertar, es conveniente revisar
las memorias de la temprana infancia,
para aliviar recuerdos y reconciliarnos con nuestros orígenes.

Aunque la relación padres-hijos bien vale un libro completo,
ya que es nuestro más importante condicionamiento,
intentaré explicar los puntos esenciales en un resumen forzoso,
pues a mí entender es una parte importante del Proceso.
Hace que lo que estaba oculto por el dolor, salga a la luz.

Cuando alguien cree que sus padres no lo han amado,
o por lo menos como hubiese querido,
nunca podrá amarse completamente tal cual es,
ni podrá amar a los demás.
Por lo tanto no se sentirá amado por otros.
Se produce así un círculo vicioso que se cumple inexorablemente.

Este sentimiento puede ser totalmente inconsciente,
a menos que hagas un profundo trabajo de Consciencia
para reconocer y abrazar tu propia historia, tu origen;
a través de tus propios métodos o con un terapeuta que haya
profundizado en los sistemas familiares.

Que sintamos que no hemos sido amados por nuestros padres
como nos merecemos, no es necesariamente cierto.

Los padres hacen lo que pueden.
La mayoría —intentan al menos—, dar a sus hijos algo mejor
de lo que ellos han recibido y desean su felicidad.
Y solo pueden dar el amor tal como lo han vivido
en su propia experiencia.
A nuestros padres no podemos culparlos,
ni hacerlos responsables de lo que nos sucede.
Ellos han tenido la influencia de su propia condición de hijos,
de su propia historia con sus alegrías y avatares.

El condicionamiento produce ignorancia.
Se basa en 'memorias' deformadas por los recuerdos
que influencian nuestras creencias y proceder.
Por eso no hay culpables, ni víctimas.
Todos estamos influenciados y afectados por lo recibido y eso
es lo que transmitimos cuando no sabemos otra cosa.
No saber como son las cosas es una ceguera
y aunque no hay culpas, si hay sufrimiento.
Si no somos Conscientes, no hay Claridad.

Un hijo no debería erigirse en juez, montando un tribunal de justicia
y haciendo de fiscal para condenar a quienes lo cuidaron
y mantuvieron vivo para que hoy este aquí.
Al respetar y honrar a nuestros padres por habernos dado la Vida,
nos invade una sensación de Belleza que nos conmueve.

Solo podremos producir un corte en la transmisión generacional
de padres a hijos, que no sea valiosa,
si los padres somos lo suficientemente Despiertos como para pasar
por el proceso de reconocimiento y Consciencia,
profundizando en valores verdaderos de amor y respeto,
en lugar de utilizar lo recibido dándolo por cierto ciegamente.
Lo cierto es que la gran mayoría de la Humanidad ignora
su propia naturaleza, por lo tanto la de sus hijos.
Tal vez tus padres no jugaban contigo, ni te prestaban suficiente
atención, no por desamor sino por ignorancia.

O no te miraban con esa sonrisa que anhelabas
porque estaban ocupados en sus asuntos.
También es posible que no te mimasen lo suficiente,
o que no te abrazasen cuando lo necesitabas.
Esto en el mejor de los casos, porque podríamos agregar
el maltrato verbal emocional, la violencia física,
la falta de atención en la alimentación y en la higiene.
Hay atrocidades que se llevan a cabo por absoluta ignorancia,
por las que hemos tenido que pasar y padecer;
esto le ocurre a la mayoría, sea que el recuerdo
este presente o negado en el inconsciente.
Lo cierto es que es absolutamente imposible que en tu infancia,
no hayas tenido experiencias superficiales o graves,
que te hayan hecho dudar del amor de tus padres.
Lo cual simplemente significa que así fue tu Vida y así debes tomarlo,
sin resentimientos, como parte del guión de tu propia película.

Un bebé es puro, inocente, cristalino, transparente, necesitado,
impotente para autoabastecerse, dependiente de su madre
o persona que lo cuida. Solo sabe expresar su malestar
o sus necesidades con el llanto. El llanto es su voz.

Por sobre todas las cosas, un bebé necesita Amor, mimos, miradas,
abrazos, calor, sentir la presencia maternal constantemente.
Viene de estar en un útero tibio y seguro que lo sostenía,
formando parte del cuerpo de su madre.
Es tal la fusión emocional que suele tardar nueve meses
en comenzar a darse cuenta que su madre y él,
son dos personas diferentes.

Un niño criado con Amor, será un adulto que respete la Vida,
un adulto en paz consigo mismo y con los demás. Porque es sabido
que las personas solemos repetir activamente lo que recibimos
de modo pasivo en nuestra infancia:
     Si lo que recibimos fue Amor, seremos amorosos
     Si fuimos rechazados, rechazaremos
     Si nos trataron con violencia, seremos violentos
     Si nos manipularon, manipularemos

Pensar que un bebé llora porque es caprichoso o quiere molestar,
es un error con consecuencias.
Cuando es atendido con Amor, llora solamente para expresar
alguna molestia, un dolor, una necesidad, el deseo de ser acariciado.

También es cierto que el desamor provoca aun más llanto,
ya que el bebé es indefenso, necesita de la atención amorosa
y disponible. Necesita de una total devoción.
Al no darle Amor, provocamos violencia.
El desamor es una forma de maltrato emocional recibido
pasivamente, pero que se va a exteriorizar en su comportamiento
adulto, en forma de violencia activa.

La manera que cuidamos a nuestros hijos la mayoría de las veces
responde a apreciaciones tradicionales; no siempre conviene
seguirlas ciegamente sin cuestionarnos su valor.
Por eso necesitamos ser Conscientes de quiénes Somos.
Cuantos más seamos los seres Despiertos, mejor será el mundo.
Y con nuestro fervor por mantener la luz y la inocencia en los niños
con todo Amor y dedicación,
lograremos que más 'buditas' pueblen la Tierra.

El Amor sin condiciones es la Fuerza de la Naturaleza
que nos mantiene cuidados y vivos.
Me pregunto, ¿existirían los Hitler, los Bush, los Pinochet,
los Videla y tantos otros, si hubiesen sido amados y
respetados desde el útero materno y durante la crianza?
¿Si todos viviésemos guiados por nuestro Corazón, o sea,
por el Amor, existiría la pobreza, el hambre, la codicia, las guerras?

|▌|

Comprendamos que entre lo que ha sido y lo que es tiene que existir
una armonía. La gratitud eleva y nos hace más generosos, porque
el poder tomar lo que hemos recibido amplia nuestro anhelo de
dar y fortalece los recursos internos actuales.
Cuando rechazamos lo vivido nos debilitamos, nos empobrecemos,
y buscamos en los demás 'eso' que nos falta,

ese vacío que nos deja el cercenarnos.
Es como extirparnos una pierna si tiene cicatrices que no nos gustan.

Cuando tenemos resistencia a recibir y tomar amorosamente
el vínculo con nuestros orígenes,
no nos sentimos merecedores de un presente mejor.
Por eso imponemos nuestros 'derechos' y al sentirnos 'víctimas',
sacamos una fuerza furiosa de nuestra debilidad,
nos oponemos a los demás y a las situaciones.
Nos volvemos mezquinos, 'quitamos' en lugar de tomar.
Son sentimientos amenazantes que socavan la riqueza del presente,
duelen, molestan, irritan.

No sufrimos tanto por 'no haber sido amados',
sino porque alimentamos emociones malsanas
que nos impiden amar.
Lo que nos conduce a hacer sufrir a los demás y aumentamos
el propio sufrimiento, como lógica consecuencia.

Los padres nos han regalado el bien más preciado: la Vida.
Gracias a sus cuidados hoy estamos aquí. Hemos recibido a través
de ellos una herencia tras-generacional, que a su vez la recibieron
de sus padres, sus padres de los suyos y así sucesivamente.
Formamos parte de una cadena de vivencias y vicisitudes
de nuestros ancestros, que crean un colectivo familiar anterior
a nuestra existencia y que es parte de nuestra identidad individual.

Hemos tenido todo tipo de situaciones durante nuestra crianza,
algunas más felices, otras más desgraciadas, que constituyen
nuestra experiencia vital.
¿Podemos quitar o añadir algo a lo que ya pasó?
¿Se puede cambiar el pasado?
Lo que sí podemos es abrazar con ternura lo que nos ha dolido
y verlo con una visión comprensiva,
entendiendo que así fueron los hechos y fue tal como nos llegó.
Al asentir transformamos el dolor en fortaleza.

Y así logramos ser mejores personas y buenos padres.
No se trata tanto de si hemos recibido todo el afecto que merecemos,
o de si estamos de acuerdo con la 'forma' que lo hemos recibido,
sino más bien de con que mirada interpretamos lo que pasó.

Mirar el pasado con Amor trae un gran bienestar, nos afirma,
vigoriza el alma, potencia nuestros recursos.
No solo restauramos el vínculo con nuestros padres, con la infancia,
con las raíces, también nos damos el Sí a quienes somos,
sin resentimiento ni resistencias.
Y surge entonces una certeza, un estado de templanza.

Por eso te propongo revisar tu propia Vida
mirar con claridad y reconocer
          lo amado y lo temido
                    lo que has encontrado y lo que no pudo ser
                              lo sufrido y lo gozado
                                        lo logrado y lo perdido
y darles un lugar en tu Corazón.
Con todas sus vicisitudes y tal como sucedieron.
Dejando de lado y atrás las nostalgias románticas
y las construcciones mentales que derivan en sentimentalismos
desgastadores que nada reparan.

Los niños aman incondicionalmente a sus padres, con toda lealtad.
Y viven con entrega lo que les toca, sea terrible o benévolo.
Si miramos lo vivido con nuestros padres, sin pre-juicios
y sin condena, podemos volver a ese Amor original.

En el fondo se trata de sentir lo que anhela el Corazón:
poder amar con libertad.
Es entonces cuando podemos despedirnos en paz del 'niño herido'
y sentir que somos afortunados
y que lo que hemos recibido fue suficiente.
Agradeciendo con cariño a nuestros padres para continuar nuestro
camino con alegría, hacia delante, aun cuando nos encontremos
con algunas piedras que parezcan obstáculos,
con espinas que nos lastimen.

Lo que causa sufrimiento no es tanto lo que ha pasado como lo que
después la mente construye con ello, el razonamiento posterior
a lo largo de los años.
Lograr abrazar a nuestros padres con una visión de Amor y Belleza
es una mirada que acaricia lo que constituye nuestro Destino
y bendice lo sucedido.
La falta de Amor a los demás y a la propia experiencia,
es una condena.

Vivir con rencor, negando, rechazando, condenando, divididos,
es un impedimento.

Si nos atrevemos a recorrer el dolor y lo aceptamos,
dejando de lado los argumentos defensivos,
nos reabrimos al sentimiento original que de niños sentíamos,
regresa la ternura y podemos acoger a papá y a mamá
en nuestro Corazón.

Cada logro es una manera de honrar a nuestros padres
por lo que somos hoy
y también es una forma de agradecer a la Existencia.

Restaurar el Amor, el respeto y el agradecimiento
por nuestro Destino
nos abre a la plenitud y nos completa.

Al dar este paso mágico,
nos podemos amar a nosotros mismos
y a los demás.

Y al entregarnos a la serenidad de fluir cómodamente
en la corriente de la Vida
abrimos los portales del verdadero Paraíso
que es abrazar todo tal cual es

∎ EL CORAZÓN o LA MENTE

∎ PENSAMIENTOS OPTIMISTAS VS. PENSAMIENTOS DOLOROSOS ∎

La Intuición es la Visión del Alma
y se expresa en acciones espontáneas e impecables...
¿Y dónde está la Brújula que guía nuestros pasos?
En el Corazón...

Si hablamos en términos de pensamientos 'positivos o negativos'
seguimos dividiendo, en dualidad, 'esto es bueno, esto es malo';
o sea, fragmentados y 'controlando'.
Agregamos una tensión más a las que ya tenemos,
la de recordar y repetir las afirmaciones 'positivas'.
Las afirmaciones pueden resultar muy estimulantes
y todo lo que nos hace bien hay que utilizarlo,
pero el efecto es efímero,
ya que se trata de una mera sugestión.
Además tememos de que si pensamos 'mal'
nos pasará eso que imaginamos.

Ese supuesto 'poder' es una carga insoportable,
porque nos sentimos culpables de nuestros fracasos
y de todo lo que nos pasa.
Negando el movimiento vital que nos lleva a coyunturas inesperadas
que ofrecen los resultados y las consecuencias.

Lo que cuenta son los HECHOS, comprender como es la Vida,
tener claridad acerca de los mecanismos de la mente,
así que vale más hablar de
∎ OPTIMISMO O DOLOR ∎,
pues es algo que sucede en nuestro Cuerpo, *es un resultado*.

El optimismo es un sentimiento, un estado de ánimo, una sensación,
es algo que esta ocurriendo en nosotros
y que produce acciones gozosas.

Mientras que 'pensar positivo' es algo
que estamos 'eligiendo pensar'.
Es un deseo. Una sugestión.

Darnos cuenta del efecto que producen nuestros pensamientos,
nos ayuda a reconocer desde donde provienen,
según estemos sufriendo o sintiéndonos bien:

Si el pensamiento es optimista, estamos en el Corazón,
guiados por la Intuición, cuya inspiración es el Espíritu.
Si el pensamiento es doloroso, sin lugar a dudas,
estamos guiados por la mente infantil emocional.

Busca el pensamiento que te ha causado dolor.
Si eso que pensaste, no está ocurriendo en este momento,
entonces es la mente la que está en acción,
porque lo que viene del Corazón nos da alegría.

La mente infantil actúa provocando una fragilidad emocional.
Cuando uno guarda heridas de la infancia que son inconscientes
o las recuerda con resentimiento,
no puede asentir a lo que pasó, tal cual fue y sucedió.

A raíz de esto, las emociones quedan FRAGILIZADAS,
como deshilachadas, débiles, no toleran el menor contratiempo,
ni un obstáculo, ni las malas noticias.
Cuando alguien sufre por su Destino, ante cualquier cosa
que considere 'amenazante' salta como un resorte, con dolor,
con angustia, con miedo, con rabia, con depresión...

Lo natural en todos es el Amor.
La mente transforma en dolor ese Amor natural y original
Cuando el dolor se hace insoportable, el organismo reacciona
y se transforma en rabia, resentimiento, rechazo...
Estas emociones dan una 'fuerza' que 'arde',
se siente el 'poder de las razones',
pero es desgastador y finalmente nos deja vacíos y derrotados.

Y como lógica consecuencia, llega la depresión.

Sin embargo, no debes condenar tu pasado,
es lo que te ha llevado a ser quien hoy eres.
La sensación de vivir equivocado, es falsa,
todo lo que ocurre es tu Destino, si así sucedió.

La mente infantil emocional no es fiable.
Funciona con un sistema de creencias 'razonadas'
a partir de bases equivocadas.
El despecho, el rencor, la rabia, la ira, el rechazo, el sentimiento
de exclusión, no son la respuesta directa del Corazón.

Las re-acciones que no son respuestas directas a lo que sucede
son respuestas secundarias,
donde ya ha habido un razonamiento posterior a los hechos,
por lo tanto generan desamor y división.

Estas *re-acciones* provienen del dolor de rechazar lo que es,
que es la causa de la mayoría de los conflictos interiores
y los de nuestras relaciones con los demás.

Lo que hacemos ciegamente, *re-accionando* impulsivamente,
trae consecuencias.

Cuando estés molesto, agobiado, atormentado, torturándote
y sufriendo, puedes estar totalmente seguro de que estás
en la mente 'razonando'.
Si lo percibes, cambia de 'chip'.
Siente con el Corazón.

El Corazón nunca engaña, nunca te hace infeliz.
No trae consecuencias. No deja secuelas.
El Corazón solo emite sonidos de Amor.

Todos respiramos el mismo Aire, nos ilumina la misma Luz,
nos bañamos bajo las mismas Aguas
y nos nutrimos de los mismos alimentos.

Todos necesitamos la unión del Amor,
la dicha de la confianza y la entrega,
el reparo y el descanso que significa amarse y amar a otros.

Esto es posible a través del lenguaje del Corazón,
nuestro mensajero Divino,
el que nos trae todos los regalos que nos da la Vida.

Aquí solamente puedo mostrarte como ocurren las cosas,
pero el proceso de reconocimiento y aceptación
de tu vida pasada y actual,
lo has de hacer tú,
es tu proceso interior,
forma parte de llegar a Ser Consciente.

La mente sin el Corazón es ciega
No te deja ver el brillo de la belleza

Si percibes la Vida con la paz en el Corazón
puedes vivir en paz en tu Cuerpo y en la mente

Sigue tu Corazón

8

▊I LA MENTE INFANTIL EMOCIONAL

No hay heridas que no se curen
afloja los nudos...
Abre el camino a la risa...
Celebra la Vida...
y dánzale a la alegría...

¿Cómo es que llegamos a sentirnos separados de la Vida Total?
A través de la educación generacional,
herencia que va formando la mente infantil,
que nos acompañará durante toda la vida,
siendo la suma de reglas familiares y del entorno,
recibidas a lo largo de la infancia.
Así se forma nuestro sistema de creencias y valores,
que nos condicionaran para siempre —a menos—,
que seamos Conscientes de esta influencia.

Los pensamientos y las creencias enturbian
todas nuestras relaciones.
Van creando una barrera artificial
que no está basada en nuestro Ser esencial,
sino en los absurdos mensajes de la mente.
Sin esta barrera, el Amor está presente y nos conduce a la Armonía.

A mi entender, todos al nacer somos seres radiantes, 'Índigo',
'Buditas', seres de Luz, como quieras llamarlo.
Luego la crianza, el condicionamiento generacional transforma este
estado de pureza y nos volvemos seres 'sociales' adaptados
a las normas reglamentadas.
Eso va influyendo en nuestra manera de ver el mundo, las cosas
y vamos perdiendo el ángulo de la inocencia, que es el verdadero.
Comenzamos a sentirnos separados.

Si bien el proceso de educación, es necesario,
no lo es tal cual está montado, porque deforma más que forma.

Y tenemos el derecho de saberlo, recordarlo y reconocerlo
para eliminar los 'statu quo'.

La mente es un ordenador biológico, un instrumento maravilloso.
Lo que le sucede a la mente es lo mismo que a un ordenador
cuando lo recargamos de información y la acumulamos
sin necesitarla: colapsamos el sistema.
Y tenemos que reformatearlo.
O sea limpiarlo completamente, quitar toda la información
que ya no sirve y comenzar de nuevo...

Desde que nacemos nos meten información en el sistema.
La mayor de las veces es falsa y obsoleta,
pero se va transmitiendo ciegamente, de generación en generación.
Así como el ordenador es muy simple utilizarlo una vez
que sabemos 'como' se usa, con la mente sucede exactamente igual,
tenemos que conocerla y saber como funciona.

La mente infantil se va transformando en mente emocional o ego.
Son sinónimos.
Es esa 'voz' que escuchamos en forma de pensamientos
que no paran nunca de alterarnos
que nos llenan de miedos sugiriendo amenazas de futuro.

La mente infantil emocional no es otra que la mente pensante.
La que carga con el peso y el miedo del pasado.
Es la voz que intenta alejarnos de este momento único
y nos zarandea hacia lo que ya pasó, o a lo que vendrá.

La mente emocional es amenazante y dolorosa,
nos violenta, contamina nuestro ser interior
y va apretujando el Alma
hasta confinarla en un espacio con poco movimiento.
El Alma se ahoga y no se aguanta la Vida.
Por eso se recurre al alcohol, la marihuana, la cocaína.

Cualquier droga, incluidos los fármacos,
son buenas para tapar, huir,
para no sentir el dolor que causa
esclavizarse a falsos pensamientos
y no vivir en el Corazón.

La mente dictamina, condena y separa a la humanidad,
según el bando al que pertenezcas. El 'bando' puede ser
la religión, la política, la raza, el país, la profesión,
ponle tú más nombres.
Al trascender y vaciarnos del sistema de creencias falso
recibido como herencia pasamos a entender, paso a paso,
como movernos en el Ahora.

El Ahora es el Presente.
La Vida directa, natural, tal cual ocurre y se manifiesta.
Cuando incluye el pasado que recuerdas y el futuro que planeas,
es porque no estás aquí y ahora, estás 'ensoñado'.

¿Podríamos vivir sin pensar?
No, porque la mente forma parte de la configuración humana
y como nosotros no la hemos creado
no podemos des-configurarla y borrarla.
Pero al no dejarnos afectar por los pensamientos dolorosos
y falsos, al comprender como se 'usa' la mente,
surge el optimismo también en el pensar.

Cuando seguimos los dictados de la mente,
vivir se transforma en un esfuerzo que nos exige más y más,
no se puede parar de luchar por conseguir, por lograr.
A veces logramos disfrutar y quisiéramos que sea siempre así,
pero la satisfacción y el bienestar son efímeros.
Porque no hay paz interior si uno funciona
identificado con los pensamientos.
Por ende, nos sentimos solos, separados, perdidos...,
la Vida pesa.

Al perder la sensación de Totalidad,
nos sentimos culpables y responsables de ser quien somos,
no sentimos que pertenecemos,
estamos negando algo que es totalmente natural.
Al negar la Unidad con la Vida también perdemos la espontaneidad
y la confianza, perdemos valor, nos volvemos débiles.

Dejamos de entender que somos *seres completos*,
que podemos hacer lo que más nos place,
sin esperar aprobación externa,
sin ninguna pretensión de ser otra cosa.

No hay éxito, ni fracaso

Existe solamente la Vida ocurriendo...

Vida que surge...

Que ofrece...

Que prodiga...

▌I TIEMPO EMOCIONAL

¿Eres tú tu sombra?
¿O es tan solo un reflejo de la luz?
La sombra es cómo la mente infantil
Parece que eres tú
pero no lo es…, es solo un efecto

La mente infantil es temporal,
vive inmersa entre la memoria del pasado y la expectativa del futuro.

Hablamos de un 'tiempo emocional', diferente del tiempo de reloj.
El tiempo es la duración de las cosas sujetas a cambio.
Entre nosotros hemos establecido un tiempo de intercambio,
que utilizamos para ordenar la convivencia con los demás:
el tiempo de calendario y de reloj.
En el intercambio social, se establecen horarios de servicio,
horas específicas de citas, el banco que abre y cierra a tal hora,
o la panadería.
Entras en el mundo del tiempo de reloj y luego cuando no hace falta,
te olvidas de él.

El tiempo emocional en cambio, tiene sus propias leyes.
No vive en el Presente, sino que nos hunde en un estado
de ensoñación mental donde todo parece adquirir un ritmo particular.
Es el tiempo del pasado y del futuro.
Lo imaginario de los pensamientos.

La mayoría de la gente vive entrampada en el ruido mental,
hipnotizada, como en un ensueño o estado de inconsciencia.
Con la radio mental prendida e hiperactiva,
inmersa en el tiempo emocional desde que se despiertan
hasta que se duermen.

Presionados por la prisa por llegar a no-sé-dónde-ni-sé-por-qué.

Y lo mas serio, es que la mayoría de la gente está tan identificada
con este mecanismo, que creen ser así, creen que la mente 'soy yo'.
Lleva un profundo proceso darse cuenta que esa identificación
es falsa, que una vez conocidos los mecanismos
de la mente emocional, los pensamientos se entienden
como una 'sensación engañosa' de la realidad
y pasan a ser como una nube que desaparece
sin dejar huella en el cielo y ya no nos afectan.

Lo que propongo es TOMAR DISTANCIA
y darnos cuenta que podemos independizarnos de su tiranía.
'Aniquilar' la mente sería un suicidio, no es posible.
Pero si podemos darnos cuenta de cual es su poder sobre
nosotros, para 'anestesiar' su efecto a través del entendimiento.

Para la mente emocional dejar de clasificar, juzgar
o hacer distinciones, es equivalente a 'pierdo el control',
'no sé lo que está sucediendo', 'estoy confundida'...
Inmediatamente comienza a hacer juicios de valor, a condenar,
porque eso es parte de su funcionamiento.
Personaliza todas las experiencias y las moldea para que quepan
en eso que cree, para mantener esa sensación de identidad
que ha creado. Clasifica, opina, niega, rechaza,
halaga o desvaloriza; es voluble, ocurrente, amenazante.

En suma, *enloquece*

Por eso es muy importante que te des cuenta, que la mente se mueve
en mundos imaginarios, que no existen, que son ilusorios.
El peligro que genera solo existe en tu mente, por eso vives con miedo.
¿Cómo puedes solucionar lo que no existe? Es desesperante.

El siguiente es un ejemplo típico
(el motivo es reemplazable por cualquier objeto
de preocupación, o motivo de "tormenta" interior):

Tu hijo adolescente sale con sus amigos y aun no ha regresado.
'¿Qué le habrá pasado? Seguro que tuvo un accidente,
sino hubiese llamado. ¿Y si es grave? Dios mío, por favor,
Llamaré a todos los Hospitales…, mejor me tomo un antidepresivo,
siento una opresión en el pecho…, no puedo dormir…, etc.'
Y así una y otra vez.

Abreviando —porque esto puede durar horas de
'dolor auto infringido'—, al rato aparece tu hijo de lo más tranquilo.
En lugar de alegrarte de verlo, te enfadas y le reprochas
'el mal momento que te hizo pasar'. ¿Fue él?
¿O fue lo que pensaste lo que te hizo padecer
una desgracia imaginaria?

Cuando algo grave ocurre, surge un estado de alerta, la adrenalina
se activa para que puedas protegerte. Y lo mas probable es que
si te accidentas, o alguien está enfermo, o si surge algo peligroso,
estés consciente y despierto y encuentres la inspiración
que ayude a resolver lo que está sucediendo.
No es lo mismo que sufrir por un imaginario.
Y es completamente diferente del dolor genuino que sentimos ante
ciertos acontecimientos, por ejemplo cuando un ser amado muere.

No hay nada bueno que se pueda agregar a los hechos,
con una interpretación posterior.
Porque aquí ya entra lo subjetivo, la historia de cada uno.
Lo único que nos permite mantener la serenidad
es que cada cosa y que cada ser sea tal cual es, como es.

Si dejas de confiar y de afectarte por los pensamientos,
y en cambio,
vives el presente, lo que está pasando aquí y ahora,
la mente se calma y el tiempo desaparece.

Porque la mente necesita un cómplice para existir,
sin esa alianza, sin seguidor, no tiene a quien torturar y se relaja.

Nada ha ocurrido, ni ocurrirá.
El pasado ya no está, excepto si lo recuerdas en el presente.
El futuro es el presente continuo ocurriendo.
Todo ocurre y confluye en el aquí y ahora,
en este instante que estás viviendo.

En el Presente, no estás idiotizado o inconsciente, en realidad,
estás mucho más despierto, alerta y vital en este estado,
que en el estado de identificación con la mente.
Abandonar la identificación no quiere decir que ya no se piensa
si hace falta, lo que significa es que:
Estás Despierto

Al liberarte de la influencia infantil emocional, sentirás que se abre
la vasta inmensidad de todo lo que se manifiesta.
Y el pequeño pensamiento,
se convertirá en una insignificante expresión.
La Esencia vital y verdadera,
versus un insignificante pensamiento falso.
¿Cuál elegirías?

Cuando estamos en paz, aparecen intuitivamente
las soluciones e inspiraciones y ya no tenemos que dedicar
nuestro 'tiempo mental' para 'analizar y resolver' las situaciones.

Percibimos posibilidades, nos damos cuenta de las oportunidades
Hasta puede llegar a parecernos cómico haber sufrido tanto,
cuando teníamos todo lo que necesitábamos, aquí, ahora,
frente a nuestras narices, al alcance de la vista.
Y no nos dábamos cuenta.

En el Presente, en la Presencia Consciente,
se reduce la actividad de los pensamientos de auto tormento.
Los pensamientos pasan a ser benignos
y nos guía la inspiración de la Intuición.

El Alma se regocija...

▋▏ UN ALMACÉN DE CHATARRA

La mente infantil emocional tiene 'ideas' acerca de sí misma,
son como fotografías del pasado, un auténtico almacén de chatarra,
de sentimientos y experiencias ya vividas y caducas.
Escombros que ella atesora y nos lo hace cargar con todo su peso
a lo largo de la vida, en la idea de que eso 'soy yo'.

Algo así como un cubo de basura sin fondo,
porque nunca acaba de limpiarse de lo que ha acumulado.

Algo donde el ayer y el mañana parlotean incesantemente,
como en una fábrica de ideas y emociones,
de las que nos fiamos, en total servidumbre y ceguera.

Al percatarnos de que nuestra 'historia personal'
—que tanto atesoramos—,
es 'pasado-pesado', podemos advertir también
de que es un lastre que nos roba la posibilidad única y verdadera
que tenemos de vivir la vida,
aquí, ahora, en este momento, tal cual es.
Sin recuerdos que nos sugieren
como-son-las-cosas-ahora-en-relación-a-lo-que-ya-fue,
sin agregarle condimentos caducos.

Aunque la mente *aparentemente* 'nos saca' del presente,
en realidad, es donde siempre estamos, no existe otro lugar.
Por eso el objetivo de aprender a conocerla,
para que podamos vivir con total intensidad y plenamente
todo lo que nos pasa.

La frescura de lo nuevo es estimulante
y la podemos encontrar aquí mismo.

> *Sin amarres que no nos dejan navegar con libertad*
> *por el esplendoroso jardín del Presente…*

▌| LAS TORMENTAS INTERIORES

Es fácil notar que la mente emocional se encuentra
siempre *in*-quieta,
en medio de tormentas interminables,
que se apaciguan y reaparecen,
ocupada en prevenir posibles infortunios,
o sumergida en catástrofes,
        que nunca ocurren.
¿Es que puedes negar haber vivido
innumerables desgracias imaginarias,
        que jamás sucedieron?
¿Para que sufrir innecesariamente?

El "yo" está casi siempre alterado por lo emocional,
por el temor a lo que pueda sucederle.
Estás bien y de pronto surge en ti
una sensación de miedo, de malestar físico,
como una amenaza, que puede atacar tu salud,
tu familia, tus relaciones, tu economía...

La actividad de la mente produce en ti
un estado de encantamiento,
como si de un sueño se tratara, algo así como una hipnosis,
de la que te puedes liberar en cuanto te des cuenta de que
es tu credibilidad la que le da el poder a su tiranía.
En otras palabras,
no tiene más poder que el que tú inconscientemente le das.

Huyes del presente, buscando la seguridad
en un recurso del pasado o en un aliento futuro.
Sin darte cuenta, eres su devoto servidor, porque la mente
te hace creer que eres tú el insatisfecho lleno de deseos
y te hace reincidir una y otra vez
en acciones impulsivas, compulsivas o muy planeadas.
Con la fuerte sensación de que, sin esa nueva ocurrencia

no puedes vivir y necesitas conseguirlo como sea,
porque de eso depende tu felicidad.

Por otra parte, la mente emocional es limitada,
no puede ver la continuidad de lo que va pasando y se asusta,
no soporta 'no saber'.
La continuidad es invisible, imprevisible, es lo desconocido,
lo que aun no se ha desvelado, por eso la mente siente inseguridad,
no soporta la incertidumbre de lo que vendrá.

Una metáfora de esta contracción, utilizando
la Alegoría de la cueva de Platón,
es imaginar unas personas encerradas en una cueva oscura
toda su vida, creyendo que eso, es 'todo' lo que existe.
Un día uno de ellos sale afuera de la cueva y regresa
luego de su experiencia.
Les habla de la luz, del movimiento de la Vida y les dice
que su mundo en la cueva es estrecho, mísero, oscuro,
que fuera de esa demarcación hay un mundo tan inmenso
y sorprendente que resulta inabarcable en su vastedad...
No le creen... Lo toman por loco y finalmente ¡¡lo matan!!

Y así es como viven muchas personas, encerrados en sí mismos,
limitados por la cueva de sus creencias,
por las fronteras de lo que es 'mío',
en la celda de 'mi' vida, contraídos, temerosos, ansiosos, marchitos,
buscando la felicidad, sin ver más allá de sus propias narices.

Ciegos al punto de no poder darse cuenta de lo ilimitado
que se extiende ante sí,
de un mundo inmenso e infinito de situaciones y posibilidades,
que no es más, —ni menos—,
que la Vida Total, completa en sí misma.

¿Como se puede resolver la Vida con claridad y tranquilidad
si estamos perdidos en las ocurrencias de la mente?

Hay una frase conocida, 'la Vida es lo que está ocurriendo,
mientras la mente está haciendo otros planes!'
Hay tantos deseos que surgen en la mente que
no nos alcanzaría una Vida para realizarlos!

Todo deseo es una evasión,
una huida de lo que sí vives, tienes y sientes.
En cada deseo hay un sueño de ser feliz, porque no lo eres
y aunque se te realice el sueño, tampoco lo serás por mucho tiempo.

Sin lugar a dudas, detrás de todo deseo se encuentra siempre
el anhelo subyacente de "reencontrar" la Fuente
de la cual hemos surgido, de sentirnos Unificados.

Porque lo que realmente anhelamos, esa 'mejoría' que deseamos,
es sentir que pertenecemos, que no estamos separados.
Por eso el deseo es insatisfecho,
porque lo que buscamos y conseguimos,
no es lo que verdaderamente anhelamos.
Lo que pretendemos inconscientemente
es des-identificarnos del falso "yo",
reencontrar nuestras raíces,
nuestra verdadera Naturaleza,
ser Conscientes.

Y si lo que somos es Vida y Consciencia, entonces
¿cómo se puede buscar o encontrar,
lo que ya está aquí?

> *Eres libre para deleitarte con el brillo del Sol...*
> *Para danzar a las estrellas y a la Luna...*
>
> *Y lo eres también cuando te dejas llevar por la Vida*
> *tomadito de su mano*
> *entregado como un niño a su madre...*

▌| LA CONSCIENCIA INTUITIVA

La Intuición es la Visión del Alma
Su voz susurra en el Corazón
Su Luz inspira la creatividad de las soluciones

Seguimos con el funcionamiento de la mente.
¿Es posible 'no pensar' emocionalmente
y aun así lograr mantenernos vivos, ganarnos la Vida,
pagar la hipoteca, mandar los chicos al colegio, etc.?

Sí, lo es, porque la buena noticia es que también contamos
con un don maravilloso que nos conecta
con toda la belleza del bienestar y la Vida fácil:

la CONSCIENCIA INTUITIVA

Un ordenador biológico que se prende y se apaga a voluntad,
según nuestras necesidades
y que surge espontáneamente sin perturbar.

La Intuición es iluminadora, inspiradora,
no requiere ningún esfuerzo,
no comporta sufrimientos.
Es la compañera del Alma,
la que abraza nuestro Corazón,
nuestra Unión con la fuente de Consciencia.

Es la Consciencia Práctica, amorosa.
La que nos aclara y nos hace comprender
que es lo mejor y lo que realmente queremos.
La Consciencia inocente, sabia,
la que nunca, nunca nos hace daño.

Hago una distinción entre 'mente' y Consciencia Intuitiva.
Porque nuestra mente emocional está infectada del virus

de lo establecido y fijo, del grupo al que pertenecemos
y con el que nos relacionamos.
Sea familiar, social, profesional. Para sentirnos 'hermanados'
a un grupo, tenemos que pensar igual, no hay lugar
para la espontaneidad y la sinceridad.

¿A dónde va a parar la evolución entonces?
¿Qué sería de la Humanidad si no fuésemos canales
de una inspiración que trasciende al pequeñísimo 'yo emocional'?
El 'yo' que se somete a reglas y tradiciones, que no arriesga
y vota por lo nuevo, que vive temiendo ser rechazado,
excluido, juzgado, menospreciado;
en fin, que no ama ni se siente amado y renuncia a vivir en paz
para lograr conseguirlo.

Cuando no nos guía lo Intuitivo, es decir, el Corazón,
nuestro organismo se resiente.
No estamos en lo que ocurre, no estamos viviendo el ahora,
la Vida directa, lo que está pasando.
Estamos en la mente pensante, infantil,
en un imaginario emocional y no en la Vida vibrante y pulsante.
Y los susurros del Alma, escondida entre los escombros,
no nos llegan.

La mayoría de la gente piensa 'soy mis pensamientos',
'yo soy esto'.
Pero lo que intento compartir contigo es:
Esa deformación es solamente
una *identificación* con algo que *ocurre* dentro de ti,
es una sensación, no es tu esencia
y es posible trans-formarla
siendo Consciente de cómo son las cosas,
de cómo funciona la mente,
de cuáles son sus mecanismos.

Siempre tendremos la sensación de que somos nosotros
los que provocamos esos pensamientos emocionales.
Pero ahora ya hemos entendido:
que es un mecanismo
que se dispara biológica e involuntariamente
y que lo único que podemos hacer es no conmovernos,
impedir que nos dañe, que nos afecte.

El Arte de Vivir en la Belleza
es un Proceso de auto-Consciencia, un movimiento
que nos lleva de la mente emocional a la Consciencia Intuitiva
Es el Proceso del Amor, porque al liberarnos de lo emocional
vivimos con el Corazón abierto a la Vida
a los demás, a la Naturaleza

EL ARTE DE VIVIR

EN LA BELLEZA

EL PROCESO A LA CLARIDAD
- CLAVES PARA UNA VISIÓN DE BELLEZA
- LA MAESTRÍA: EL CAMINO
- LOS PASOS
- CÓMO SE TRABAJA CON LOS PASOS

∎I EL PROCESO A LA CLARIDAD

En el remanso de las aguas quietas te miras en un espejo...
Así como el Agua deriva su lucidez de la quietud
la mente solo refleja con claridad los hechos
cuando está calmada, vacía, presente...
No es posible mirarse en aguas turbias

Siendo Conscientes entendemos cómo y quiénes Somos.
Al final del Proceso descubrimos que somos tan bellos y luminosos
como queríamos ser.
Nos damos cuenta que ya somos eso que tanto anhelábamos.

Antes de seguir es necesario que tengamos más que claro, que
todo lo que pensamos está basado
en el sistema de creencias de la mente infantil emocional

Nos identificamos con esas creencias que pasan a ser
'mis pensamientos'.
Es por eso que profundizo tanto en este tema.

La mente infantil al ser emocional, temporal y pensante,
no nos permite tomar y disfrutar lo que recibimos,
siempre le parecen 'mejor' sus ocurrencias
que lo que en verdad está pasando.
Es un virus muy grave, que infecta todo el organismo
y difícil de detectar.

¿Qué hacer frente a ella?
Conocer sus mecanismos, entender como funciona,
mirándola como quien mira su serie favorita.
Relajados y sin afectarnos.
Estando atentos para 'cazar' al vuelo
los pensamientos de auto tortura y las amenazas constantes
con las que nos tiene muchas veces aterrorizados.
No permitir nunca que nos 'hipnotice'.

Insisto que es fundamental que comprendas que cuando dices:
'conmigo mismo' significa con tu mente
tu relación con un mecanismo biológico,
que tu confundes con 'soy yo'.

La mente emocional es camaleónica.
Cuando ya creíamos conocerla nos vuelve a poner
en un estado de 'ensoñación' del que tenemos que salir y despertar.
Si caes en sus redes y crees en esos pensamientos furtivos
que aparecen de repente y te toman desprevenido
—créeme—, estás perdido.
La sensación de malestar, de opresión, surge de inmediato.
Y te preguntas:
'Pero si recién yo estaba bien,
¿qué pudo haber pasado para que ahora esté sufriendo?'

La mente infantil segrega el fluido del miedo que invade tu cuerpo.
La tranquilidad y el bienestar se esfuman.
Comienzas a sentir una opresión en el plexo,
o tal vez en la garganta o el estómago.
O tal vez de pronto ese dolor terrible de cabeza…
Te has descompensado.
Si le das credibilidad al incansable parloteo de la mente
te costará salir del pozo de las falsas creencias.

Es necesario entender que

LOS PENSAMIENTOS DE LA MENTE EMOCIONAL
SON INVOLUNTARIOS

Esto es muy fácil de comprobar mientras meditamos,
pues se percibe claramente
como los pensamientos surgen por sí solos,
aparecen de pronto, sin que los llamemos.
No son intencionados.

Aunque tenemos la 'sensación'
de que somos nosotros los que los provocamos
provienen del pasado, del condicionamiento infantil.
Son nuestros, pero son falsos, se disparan solos, no son esenciales.

La mente práctica intuitiva, la que usamos para resolver,
es pura inspiración
y al mismo tiempo también voluntaria, obviamente.
Salvo cuando se impregna de lo emocional y decimos:
'que agobio, que nervios, así no puedo solucionar nada'.
Cuando la mente pensante está calma,
podemos razonar sin interferencias penosas.

Entender es VER claramente.
Es tener frente a ti, al desnudo, la esencia de las cosas.
Cuando 'ves' entiendes y ya no se borra la comprensión
porque algo se ha ampliado,
tu perspectiva de las cosas cambia permanentemente.

Estas comprensiones profundas son efecto
de una Visión Intuitiva de Claridad
Traen Belleza y creatividad

> *Nunca provienen del plano emocional*
> *El Corazón inspira la Intuición*

▋I CLAVES PARA UNA VISIÓN DE BELLEZA

Las siguientes son reflexiones simples,
acerca de lo expuesto en esta obra.
El 'tiempo' que tome llevarlas a la práctica
es el que necesites para reconocerlo en ti.

✪ 1 ABRAZAR EL PRESENTE

∞ Lo primero es asentir a lo que ocurre en el momento presente.
Sea lo que sea.

∞ Si te resistes tus emociones se disparan,
estás a disposición de la mente infantil.

∞ Bajo su influencia, te encegueces y las cosas aparecen
amenazantes. Lo que podría haber sido una experiencia
enriquecedora, se transforma en un infierno.

∞ Resistir lo que está sucediendo requiere de una enorme
cantidad de energía mental, emocional y física pues lo que
hacemos es entorpecer, alarmarnos y sufrir.

∞ No se puede resolver en este estado.
Serénate y bajo la luz de la calma, comienza a actuar.
Aquí. Ahora. En el Eterno Presente.

✪ 2 LA INTUICIÓN ES LA VOZ DEL ALMA

∞ No la condenes a vivir en los escombros que va dejando
la mente infantil a su paso.
Haz de la Intuición tu manera de resolver y es entonces
cuando descubrirás la Magia de la Vida.

∞ La Intuición es nuestra conexión con las fuerzas Cósmicas
y la Consciencia colectiva.
Percibe… vislumbra… recibe información.

∞ Para escucharla tienes que aprender a vivir en calma
y en una actitud de entrega hacia lo que la Vida te ofrece.

∞ La Intuición tiene el perfume de una flor, es potente y delicada,
necesita tu serenidad para que ser captada.

∞ Es entonces cuando dices de pronto:
'sí, sí, esto es lo que tengo que hacer', lo entiendes
y sientes la alegría de la certeza absoluta.
No hay dudas del camino a seguir.

∞ Cuando vibras en tu Silencio interior, escuchas su susurro...

✪ 3 ASÍ COMO ERES ESTÁ BIEN QUE SEAS

∞ Así fuiste creado para ser.

∞ Un ser único y al mismo tiempo igual a todo el mundo.

∞ Sin embargo quieres cambiar, ser diferente,
llamar la atención, perdiendo tu autenticidad.
Fingiendo ser quien no eres.

∞ ¿Para qué? Si te aceptan en una impostura, aunque tengas éxito,
no eres tú y no te producirá satisfacción. Nunca.
Un instante de euforia tal vez y luego vuelve la insatisfacción,
el sentirte inadecuado.

∞ ¿Quién te dice que tal cual eres, auténticamente tú, no eres mejor
que ese que imaginas tendrías que ser?

∞ Olvídate de lo que quieren y piensan los demás.

∞ Libérate de los mandatos de la mente emocional, de lo heredado.
Siente, vibra, percibe, ese que de verdad eres.
Un ser natural, unido a la Vida, a todo lo que existe.

✪ 4 SIENTE TU PRESENCIA CONSCIENTE EN EL CUERPO

∞ Cuando piensas que te 'atacan' y necesites 'defenderte', antes
de que la rabia se apodere de tu Cuerpo, sigue LOS PASOS.

∞ Coopera respirando con atención, mirando el efecto
que causa en ti tener la menor sospecha de rechazo o exclusión.

∞ Intenta reconocer que lo que hace el otro también lo hace
desde su propio dolor. Es su problema, no el tuyo.

Lo único que importa en este momento es darte cuenta de que
el otro solo está expresando lo que siente,
que no es en 'contra' de ti, sino lo que le pasa a él.

∞ También mira esto a la luz de Los Pasos, analízalo, trabájatelo.
Observa tu susceptibilidad:
- al rechazo
- a no ser amado
- a que te contradigan
- a la exclusión

∞ En caso de que otra vez caigas en la trampa de tus emociones,
tienes que entender que abandonar la identificación
con la mente, no es de un día para otro.
Tómalo como algo que está sucediendo, no has podido evitarlo.
Evita ser tu propio verdugo, ten paciencia con tu Proceso.
Si no lo haces, añades una tensión más a todas las que ya tienes.

∞ Igualmente celebra la buena fortuna
de ser capaz de estar 'viéndolo'.
Ya has adelantado.
Antes te volvías 'ciego' y te perdías completamente.
Ahora puedes ver tus reacciones mientras suceden.
Ya estás avanzando en la comprensión.

∞ Siente tu Cuerpo, percibe la Vida, tu Presencia.
Intenta no caer en la emoción malsana.

❂ 5 SÉ CONSCIENTE DE QUIEN ERES

Al vincularnos con otros también nos vemos.
Mira lo que odias de los demás.
Pregúntate si no estás proyectando lo que pasa en tu interior.
Mira lo que amas de los demás y conocerás tus anhelos.
Cuanto más te conozcas, más te acercas a la dicha y la plenitud.
Profundiza en el proceso de Claridad completo.

Eres indefinible
Eres diferente en cada momento

Eres único e irrepetible
Eres igual a todos
Eres nadie
Eres todo
Solo tu Esencia es permanente

✪ 6   ERES COMPLETO

Cuando te sientas satisfecho y pleno, dejarás de juzgar.

∞ Si juzgas es porque no te sientes completo, comparas,
sigues creyendo que estás separado de la totalidad de la Vida.

Al amarte como eres y abrazar la Vida tal cual es,
aprendes el verdadero Amor, el Amor sin condiciones.

✪ 7   CUIDA TU CUERPO

Es tu vehículo en la Vida, vivimos en él. Te lleva en tu Viaje.
Con él sacias tus deseos de aventuras y experiencias.
Es tu Santuario de evolución.
El Cuerpo es inocente, es una víctima de la mente.

Es muy importante mantener la salud.
Necesitamos los alimentos vivos que nos da la Tierra
y el de los elementos:
El vigor de los rayos de luz del Sol que hacen disfrutar el espíritu,
la inspiración mental y física que nos viene del Aire,
la purificación emocional y corporal que nos regalan las Aguas.

Si es posible cuídate y cúrate a través de la Naturaleza.
Lo que encuentras en el campo son las mejores medicinas.
Intenta evitar los fármacos, pero no caigas en extremos,
si los necesitas, úsalos, todo está ofrecido.

Alimentos y hierbas medicinales han sido utilizados a lo largo
de la historia y aún son utilizados.
Somos Naturaleza y cada lugar da los frutos
que uno necesita para mantenerse sano.

❂ 8 EL PRESENTE ES UNA EXPERIENCIA DIRECTA

A causa de las cargas emocionales dolorosas que pesan sobre
la mente infantil, imponemos en el presente, dolencias del pasado.
Por eso necesitamos pasar por el Proceso de Claridad,
que nos restablece en la experiencia directa del Presente.
Nos devuelve al conocimiento real de quien somos.
Nos Une al poder de vivir en la Fuente y ser Conscientes.

Y al sentirnos completos y plenos,
pasamos inmediata y naturalmente
a la Visión de Belleza de lo que sucede en LA Vida total,
no solo en 'nuestra' Vida.
Esta es la Visión del Amor, amplia, inmensa, multidimensional

❂ 9 SOMOS UNO

Cuando ya entendimos quiénes Somos
y ya sabemos que somos Uno con la Vida,
igual que todos y cada uno de los seres vivos,
nuestro Ser recupera su Pureza original.

Nos liberamos de las toxinas de la mente infantil,
regresamos a casa, a nuestra verdadera Identidad,
a nuestra Unidad Cósmica.
A la Claridad de Consciencia.

Recién entonces tenemos una garantía
de que nuestros actos son beneficiosos para todos,
para el Planeta, para todo lo que está vivo y evoluciona.

Somos Vida
La Vida es Dios

Somos una Visión de Dios en la Tierra
Seres Cósmicos habitando un Planeta del Universo

∎I LA MAESTRÍA: EL CAMINO

La Verdad no tiene autoría
No es un sistema de creencias, ni de puntos de vista
No es un conocimiento intelectual...
La Verdad surge en la experiencia interior
y lo vives dentro de tu Ser...
Es entonces cuando reconoces tu verdadera identidad...

La maestría es Claridad y se alcanza
cuando ya no nos identificamos con la mente
y abrazamos con Amor la Vida tal cual es.
Es entonces cuando dejamos de sentirnos separados
y estamos Despiertos.

La maestría significa que cuando la vida no es tan fácil,
sabrás como resolver lo que está pasando con serenidad.
Incluso en los momentos de sufrimiento genuino y profundo
no te sentirás perdido
y sabrás como pasar del dolor a la paz, con simpleza.
También significa que podrás disfrutar de la vida diaria
sin los obstáculos de la mente y verás todo y a todos
a través de una visión de Amor y Belleza.

La Maestría es vivir Consciente.

A mi entender, la Claridad se experimenta como la manera de vivir,
cuando entendemos la Naturaleza de la Vida en nuestro Corazón,
cuando la mente ya no nos afecta.

La Vida es Consciencia, la única realidad. Somos Vida Consciente
Siempre ocurriendo, estemos despiertos, durmiendo o soñando.
Esta comprensión es algo que sucede sin 'tratar' de que ocurra.
La mayoría de las veces a través de tu propia búsqueda;
también puede suceder como una súbita revelación.

Sigamos entonces.

Antes de perderte en los PENSAMIENTOS DOLOROSOS,
lo más importante es usar LOS PASOS A LA CLARIDAD.
Utilízalos apenas sientas un cierto malestar.
Inmediatamente después de seguirlos te sentirás mejor.
Una vez que uno ha caído en la trampa y se ha perdido en el dolor,
cuesta más. Sales igual, pero queda una molestia por un rato.
En este caso, haz de imaginar con todo OPTIMISMO
que la Magia de la Vida transformará ese malestar en una alegría.

Aunque obviamente todos sin excepción utilizamos el Cuerpo
para transitar en nuestro viaje por el Planeta, muy pocos
somos Conscientes de la importancia de nuestro vehículo Cósmico.
El Cuerpo es inocente, instintivo.
Es un sitio seguro donde centrarse para conectar con tu Alma,
cuando el malestar te aleja de la calma interior.
En el Cuerpo vivimos
Notamos nuestra Presencia
Experimentamos las cosas
Es nuestro Santuario y nuestra manera de participar en el Universo,
en este Planeta de Amor que nos lo da todo.
Por otra parte la mente, el Espíritu y el Cuerpo
están indisolublemente Unidos e interconectados.

El Cuerpo puede expresar:
• malestar – bienestar
• opresión, dolor – alivio de la opresión o el dolor.
Observa las *sensaciones* que experimentas.
Antes de tomar una decisión,
☞   *Siente las señales* que tu Cuerpo envía ante un pensamiento:

❀   Si sientes que te vitaliza y te motiva, adelante.
      Si en cambio, lo que surge es tensión, compresión, malestar,
      seguramente la idea que tienes, no te conviene.

❀   *Antes* de resolver, ten paciencia y mira a ver si encuentras
      una posibilidad que te calme. Saber esperar es fundamental
      cuando tenemos que resolver algo que nos inquieta o angustia.

❀   Permanece confiado hasta que surja en ti
      una solución que te tranquilice.

Cuando lo que te inquieta es una idea o PENSAMIENTO DOLOROSO,
siente el Cuerpo, y si notas un dolor, o una opresión,
quédate respirando en el lugar donde te duele,
con la atención puesta en la zona, hasta que sientas que se diluye.
Al mismo tiempo utilizas LOS PASOS del Proceso
Deja la idea que te produce dolor. No te conviene,
el Cuerpo te lo está diciendo. Es como una 'alarma' de atención.

Encontrarás descritos a continuación LOS PASOS,
que son unas simples preguntas formuladas
para detectar los PENSAMIENTOS DOLOROSOS,
en el intento de lograr liberarnos de la identificación con ellos
y darnos cuenta de que no son verdaderos.

Recuerda que los pensamientos son el contenido de la mente.
El Corazón está vacío de palabras.

Aplica LOS PASOS centrado en las sensaciones del Cuerpo.
Es el mejor detector.

SIENTE TU CUERPO... SIENTE TU PRESENCIA

Más adelante, después de LOS PASOS, doy un ejemplo práctico
de cómo utilizarlos para investigar y detectar cuales son
los pensamientos que no nos dejan vivir en paz y con alegría.
Para darte cuenta de que son:

> - ocurrencias
> - imaginaciones
> - una fuente de auto tortura
> - enloquecedores
> - desesperantes
> - amenazadores
> - volubles
> - atormentadores
> - paranoicos
> - violentos
> - falsos

▌▌ LOS PASOS

▼ ¿CUÁL ES EL PENSAMIENTO DOLOROSO
   QUE ME HA CREADO EL ESTADO DE MALESTAR?

☆ ¿ESTÁ OCURRIENDO ESO QUE ESTOY PENSANDO
   AQUÍ Y AHORA,
   EN ESTE MOMENTO PRESENTE? ¿ES REAL ESTA AMENAZA?

☆ ¿QUÉ ES LO QUE ME PRODUCE ESTA APARENTE AMENAZA?

☆ ¿CÓMO ME AFECTA EL PENSAMIENTO DOLOROSO?

☆ ¿TIENE SENTIDO QUE SUFRA POR ALGO
   QUE AUN NO HA SUCEDIDO?
   (O QUE NO PUEDO CAMBIAR)?

☆ ¿CÓMO ME SIENTO DESPUÉS DE RECONOCER
   QUE NO ES CIERTO?

☆ ¿QUÉ TEMO QUE PODRÍA SUCEDERME SI NO CREYESE
   EN ESE PENSAMIENTO FALSO?

☆ ¿CÓMO ME SIENTO CUANDO YA HE SOLTADO
   LA IDEA AMENAZANTE?

☆ ¿QUIERO TENER RAZÓN O VIVIR FELIZ?

☆ ¿PUEDO RELACIONAR ESTE PENSAMIENTO DOLOROSO
   CON UN HECHO DE MI INFANCIA?

☆ ¿QUIÉN ESTÁ PENSANDO?

▮▮ CÓMO SE TRABAJA CON LOS PASOS

* Anota o imprime las preguntas en un papel que siempre tengas a mano. ✐

* Escoge un pensamiento recurrente para trabajarlo.
  Las respuestas tienen que ser SÍ o NO

EJEMPLOS DE PENSAMIENTOS DOLOROSOS:
Tengo miedo de...... Sufro por......
¿Y si me deja mi compañero? ¿Y si me aparece un cáncer?
¿Y si me echan del trabajo? ¿Y si mi hijo se accidenta?...

El HECHO que nos atañe es el auto tormento,
el motivo del miedo es irrelevante.

• Una vez detectado te preguntas:

☆ ¿ESTÁ OCURRIENDO ESO QUE ESTOY PENSANDO, AQUÍ Y AHORA, EN ESTE MOMENTO PRESENTE? ¿ES REAL ESTA AMENAZA?

▮ RESPUESTA: NO
Primero analicemos cómo seguir en este caso:
Si la respuesta es un 'NO', te dices:
'es una ocurrencia de la mente, un disparate, viene de un rumor que he escuchado, de una interpretación, es falso.
Mi mente lo ha inventado. No es cierto.
Intenta disolver, olvidar el pensamiento, cambia de canal.
Bórralo, evita que te afecte.
Mira lo que de verdad ocurre.
Busca otra 'peli' mental, una que te inspire serenidad...

* Si crees que existe una posibilidad, aun así, no está ocurriendo.
  Tal vez nunca ocurra. No lo des por hecho.

Pasas a la siguiente pregunta y así sucesivamente:

☆ ¿QUÉ ES LO QUE ME PRODUCE ESTA APARENTE AMENAZA?

¿Optimismo o dolor?

Un pensamiento doloroso es una sensación
que puede venir de un miedo infantil, un recuerdo de rechazo,
el miedo a la pérdida, porque no te amas, o no confías en ti,
te sientes débil, impotente...

Sea lo que sea, son creencias debilitantes
adquiridas en tu condicionamiento infantil.
Comienza a darte cuenta de donde provienen
para no afectarte y poder fortalecerte.

☆ ¿CÓMO ME AFECTA EL PENSAMIENTO DOLOROSO?

* ¿Dónde se produce el dolor, qué zona del Cuerpo se ve afectada?
  Siente tu cuerpo hasta que el dolor se calme.
* ¿Qué recuerdos te remueve?
* ¿Con qué situación de tu infancia puedes identificarlo?

Es importante darse cuenta del poder de una idea falsa
y del malestar y la impotencia que nos causa el darle credibilidad,
el aceptar el dolor que produce.

> ◗ Observa cual es tu reacción:
> - Te asustas, te angustias
> - Te vuelves violento: ¿contigo o con el otro?
> - Entras en pánico
> - Buscas tranquilizantes: alcohol,
>   antidepresivos, drogas...
> - Sales de compras, prendes la tele,
>   llamas por teléfono, lloras, te vas a dormir...

☆ ¿TIENE SENTIDO QUE SUFRA POR ALGO QUE AUN NO HA SUCEDIDO (O QUE NO PUEDE CAMBIAR)?

Este paso has de repetirlo y contestarlo hasta darte cuenta
de que es o que prefieres,
si vivir en paz o sufriendo.
Si no puedes desapegarte del pensamiento
es porque tienes miedo de soltarlo,
estás muy identificado con tu mente emocional.
Continua con el proceso hasta que seas un experto
detectando pensamientos indeseables y te des cuenta
de que *tú no eres la mente emocional*,
sino que estás afectado por ella.

☆ ¿CÓMO ME SIENTO DESPUÉS DE RECONOCER QUE NO ES CIERTO?

A veces uno siente miedo de soltar un miedo.
O sea, se siente miedo del miedo.
Anota todas las desgracias o infortunios
que podrían ocurrirte si dejas de tener miedo.
Verás que son todas ocurrencias,
fantasías acerca de un futuro que es imposible conocer
y que nunca ocurre como te lo imaginaste.
   Tienes miedo de tu propia imaginación.
Es un miedo imaginado, no es real.

Tú no escribes el Divino Guión, así que:
¿como puedes conocer el desarrollo de la Película?
¿Que pasaría si pensaras con OPTIMISMO,
cambiaras tu Visión de la Vida
y comenzaras a ver lo desconocido, el futuro,
como algo maravilloso
que viene hacia ti a colmarte de Amor y de Belleza?

☆ ¿CÓMO ME SIENTO CUANDO YA HE SOLTADO LA IDEA AMENAZANTE?

Una vez que has comprendido como funciona la mente, seguramente lograrás estar en paz y disfrutando.

☆ ¿QUIERO TENER RAZÓN O VIVIR FELIZ?

Esta pregunta de Un Curso de Milagros,
te la haces cuando no hay manera
de perder el miedo a soltar el pensamiento doloroso,
después de constatar efectivamente,
que es falso o es algo irreversible.

☆ ¿PUEDO RELACIONAR ESTE PENSAMIENTO DOLOROSO CON UN HECHO DE MI INFANCIA?

Esta pregunta del Proceso la pongo al final, aunque es
muy importante, porque forma parte de la aceptación
de tu Destino, de tu pasado, de tus orígenes.
La infancia es el pilar donde se crea la mente infantil emocional
y el proceso de identificación.

Este paso lo puedes hacer entretanto o cuando ya comprendas
como funciona el condicionamiento de la mente
en tu propia experiencia.

☞ Intenta llegar a los recuerdos originales.
☞ A los HECHOS de tu infancia, que podrían provocar ese tipo de re-acción.
☞ Tienes que lograr reconocerlos sin juzgarlos, sin emocionarte y reconciliarte con ellos y así evitar que sigan afectando tu Vida.
☞ Tomate un tiempo ilimitado, no está en tus manos apresurar el entendimiento.
☞ Es conmovedor y a veces muy doloroso pasar por esto, pero vale la pena.

Te recomiendo comprometerte con el Proceso
lo más profundamente posible.

☆ ¿QUIÉN ESTÁ PENSANDO?

Este es un Paso con el que deberías acompañar
el Proceso hacia la Claridad,
como si fuese un mantra, repitiéndolo cuando sea necesario,
hasta que tarde o temprano te des cuenta
que no hay nadie pensando,
que es la mente que dispara por su cuenta
pensamientos involuntarios, que tu sientes como 'este soy yo'.

Es una pregunta simple y poderosa,
hacia la comprensión de la mente.
Recuerda que cuando hablo del Proceso de Claridad, me refiero
a todas las enseñanzas transmitidas en el libro, no solo a los Pasos.

• Ahora pasemos al caso inverso:

☆ ¿ESTÁ OCURRIENDO ESO QUE ESTOY PENSANDO
    AQUÍ Y AHORA, EN ESTE MOMENTO PRESENTE?
    ¿ES REAL ESTA AMENAZA?

▌ RESPUESTA: SÍ
En caso de contestar afirmativamente a la pregunta siguiente:
⇨ Verifica que tienes suficientes pruebas *en los hechos externos*
   y que no puedes hacer nada para solucionarlo:
☞ Tienes que aceptar sin resistencia lo que está ocurriendo.
   Y mirar hacia delante, encarando lo que está sucediendo
   como un cambio en tu vida, con la curiosidad de vivir
   una nueva experiencia que viene hacia ti.
☞ Si puedes, resuelve, actúa, soluciona.
   Utiliza todos tus recursos y posibilidades.

Con optimismo, porque al fin y al cabo, para que prepararnos
para lo peor, si podemos prepararnos
para recibir un nuevo regalo de la Vida.

Si logras permanecer atento y comprobar
la Verdad de estas enseñanzas en ti mismo,
la mente irá perdiendo el poder que tiene sobre ti,
porque al no tomarla en serio y no afectarte por ella, se debilita.
Dejarás de ser su cómplice.
Y si persistes en esta observación, tomando distancia,
tarde o temprano la mente se calma, se apacigua.

Cuando has comprendido
y te has desapegado
y des-identificado de la influencia de la mente

Eres Libre

Estás Despierto
En paz para disfrutar de la belleza de la Vida
Sin esperar nada
Sin condiciones

*Cuando las palabras y las formas desaparecen
brilla la Claridad de Consciencia*

LA LUZ DE DIOS

PALABRAS

FINALES

- Somos
- Todo es expresión de Dios
- Amar la vida

∎| SOMOS

Somos el mismo Aire...
vivimos en el mismo Espacio...
compartimos la misma Luz...
Somos el mismo solcito que ilumina nuestro despertar
hojas sopladas por un mismo viento
estrellas de un mismo vientre
senderos de un mismo caminar
origen de un mismo fin...

Unidos sin diferencias
nos movemos en la apariencia de la distancia
Sin movimiento nos alejamos de la Unión
para ver desde lejos el todo Unido
y despertar en este Cuerpo inmenso y pequeño,
infinito y móvil...

Cada átomo, cada galaxia está unida con cuerdas de luz Divina
Se expande – se contrae – se abre – se cierra...

El sueño de la Consciencia se manifiesta en nuestra Vida
y cada instante es una Eternidad

En el núcleo del Ser Único
nace la profundidad de tu Corazón
Eres un Ser amado, una brisa de polvo de estrellas...

Al sentir la energía del otro
resuenan las cuerdas del Amor en el espacio
en la armonía de un instrumento maravilloso
cuyas piezas reflejan cada nota que están en una misma vibración

Sin estar cerca estamos Juntos...
Sin estar juntos somos Uno...
Vibramos Unidos al son del ritmo sin fin de la Vida...

Sin notarlo, somos receptores de luz, de sonido, de vibración
y amplificadores de la emoción de nuestros sentimientos
Un potencial infinito...

Todo lo construimos con nuestros pensamientos y palabras...
Infinitos Planos, Inventos Cósmicos
Hay tanto más...
No se ve con los ojos...
Se ve con el Corazón...
No es del dominio de la Razón
Es del Dominio de los Sentidos, se percibe, se siente...
Es un Silencio con sonido de Alma Universal

HUMANIDAD
UNIDOS con Amor y confianza
encontraremos la Paz
que anhelamos para todos

El Paraíso es esta Tierra...

Poema inspirado por mi amigo Antrian... el zen-tinela de luz

▌I   TODO ES EXPRESIÓN DE DIOS

Lo que anhelas encontrar, no está en el otro, no está afuera...
Se encuentra en el núcleo de tu Corazón
Cada latido es Dios pulsando en tu interior

Dios es Consciencia, es la Vida
No hay nada que no sea Dios
y todo lo que Dios experimenta de Sí mismo
Dios lo experimenta en y a través de ti

Dios se convierte en Todo para conocer
para sentir de múltiples formas
es un ave, está en la piedra, es un Planeta
eres tú...
Somos un experimento de Dios
igual que todo lo que está vivo...

Somos de la misma esencia que el Universo
Seres Cósmicos, la Fuente de Consciencia
Limitados por el cuerpo mente
vivimos la experiencia de Ser Humanos

Dios es lo Infinito, lo Absoluto
la forma pura de todas las cosas
Absolutamente Todo lo que existe es Vida, Dios

Dios es el latir de tu Corazón
es la Vida vibrando en ti...

▮I AMAR LA VIDA

Ama la Vida Incondicionalmente
disfruta de este milagro
Este es mi mensaje primordial pues mi religión es la Vida

La Vida es Dios y vibra en ti
Tú eres Vida, por lo tanto eres Divino
Cuando te amas y amas a otros
estás amando a Dios...

No ves el viento, pero lo percibes
como percibes la presencia del Poder de la Fuente de Consciencia
que es tu espíritu, Dios
No puedes salir a buscarlo porque vive en ti y vives EN ÉL
En Él ríes, lloras, cantas, sufres, en Él danzas a la Vida

Es invisible para tus ojos, pero no para tus sentidos
aunque lo ves en todo lo que se manifiesta...
Como el Aire, que no es visible y nadie duda de su presencia

Para que hacer esfuerzos por lograr lo que ya tenemos
Como hacer algo para 'contactar' con el Ser creador
si vivimos ya en Él
si no somos más que una emanación de Él mismo en la tierra

Nunca hemos estado solos...
ni hemos estado separados de quien nos da la Vida...
la Fuente, lo Eterno
que no está ni en el cielo, ni en la Tierra
está EN todo lo que existe

Por eso susurro en tu Corazón...
        Celebra cada instante...
        Celebra cada día...
        Celebra tu vivir...
Entrégate sin condiciones...

Haz lo que mas disfrutes y te de paz
Rodéate de seres con quienes puedas celebrar y reír
todo lo que puedas, porque la Vida te ama
y así se expresa la alegría del Alma...
Y mientras respiras... también canta, porque la música
es la Voz del Espíritu

Piensa con Amor, con Belleza, crea, vibra, ofrece pura hermosura...
Experimenta lo Divino, entrégate a la Naturaleza
Sé Uno con ella
Ama todo lo que existe mientras estés aquí
Mantén la inocencia y la pureza en lo que haces
y así mantendrás la calma
Muy poco más necesitarás
Pues la paz y la pureza
garantizan tu protección interior...

Así como a veces hace frío y otras hace calor
para que elegir quedarse colgado de un clima?
No podemos permanecer siempre en el mismo estado de ánimo
Ni podemos tener éxito en lo todo lo que hacemos...
Esto es lo Natural...
En el despliegue del fluir Original hay lugar para todo
todo es parte del vivir
Acepta y disfruta de la variedad...

Ama la Vida Total así como es y está ocurriendo
resuelve con serenidad y vitalidad, lo que debas solucionar
Si puedes vivir esto en tu propia piel
sin creer que lo que deseas es mejor, o más importante
que la Vida total
entonces ya no necesitarás más libros, ni maestros
ni terapias, ni drogas

No puedo mostrarte el camino porque no existe ningún camino
La respuesta a todos los misterios

se encuentra en el interior de cada Ser
y el camino de cada uno lo traza el Destino...
La Naturaleza de la Vida es en sí misma nuestra maestra y mensajera

El núcleo vital de lo que te transmito
es el más profundo e inquebrantable
        Amor Incondicional por la Vida
        Amar por amar
sin sufrir por lo que sucede
sin preocuparnos por el desenlace
sin elegir el resultado...
Abrazando lo que ocurre en nuestras vidas tal cual es
y quiénes somos, tal como somos

Nuestra tarea es liberarnos de la prisión de la mente
y abrirnos al Amor
abarcando en el Corazón a todas las criaturas vivientes
y a la naturaleza en toda su belleza

Vive con total plenitud tu Destino siguiendo siempre tu Corazón
amando cada experiencia y cada momento, porque es único

La puerta está abierta...
Las puertas están abiertas...

Eres tú quien no las ve...
Eres tú quien las cierra...

        Déjalas abiertas... pasa... fuiste invitad@ a vivir...
                puedes celebrarlo

                Comienza ya...

☆☆☆☆☆

Y como en la Vida misma querid@ amig@, todo empieza y acaba
sigue y se transforma...
Espero que estas semillas de Amor germinen en ti
y den flores y frutos...

Me despido de este precioso pedacito de Vida
que vibra entre mis páginas
y te agradezco que hayas compartido conmigo
estos momentos tan profundos

Siento tu Presencia... me has acompañado en este Viaje...
Gracias... que todo fluya en tu Vida con paz y alegría...

☆☆☆☆☆

■| ACERCA DE MÍ |■

Te escribo desde un acantilado en la playa.
El mar... Arena y rocas, belleza mostrándose hasta donde se pierde
la vista, sintiéndome bendecida por esas ráfagas de aire fresco,
en esta siesta de verano tempranero.
No sé si alguna vez llegaremos a conocernos, aun así,
siento tu presencia en mi Corazón.
Un día cuando yo ya no esté, el sendero de millares de pasos
que llamo "mi vida", desaparecerá, se escurrirá como esa ola
que rompe contra las rocas
y se desliza hacia el mismo sitio de donde ha partido.

No sé por dónde empezar porque el pasado se desdibuja
y son recuerdos sobrevivientes de un mundo que ya no existe.
¿Como pintar las palabras con aventuras de una Vida,
reino de tesoros fantasmales,
manantial de secretos y sueños extraviados,
vagabundeando por instantes que ya no son?
¿Dónde comienza y termina la Vida?

Dones
Las haditas que rodeaban mi cuna cuando llegué a este mundo,
fueron benévolas. Me regalaron bellos juguetes de la vida,
que aun conservo y que se pueden utilizar en mil combinaciones.

Juego a reír, cantar, escribir, diseñar, cocinar, a cuidar las plantas,
la casa y a mi familia.
Fueron pródigas porque me enseñaron a mirar
por las ventanas de mi cuerpo y me mostraron cuan inmenso,
rico e insospechado es el mundo.
Lleno de serpentinas y laberintos que me habían de tener
en perpetuo asombro y alerta, por el resto de mi existencia.
Mi pasión es bucear en el alma humana.
Para mi la vida es una aventura
y me atrevo a vivirla plenamente y Consciente de mi Ser.

El compañero, los hijos
Carlos, es mi compañero de senderos, de búsquedas, de aventuras.
Compartimos un amor confiado, tierno, apasionado, cómplice,
entregado como un bebé en el regazo de su madre.
Nuestra convivencia logró superar todas las crisis, las tormentas,
las desgracias, los desencuentros, sin naufragar.
Éramos dos, pero nuestro amor ha sumado y nos convirtió en cuatro.
Soy una madre afortunada, Daya, mi hija mayor y Leroy el 'peque'
son seres íntegros y están siempre cercanos.
Tuvimos una segunda hija después de Daya, Jazmin, que nació
y se fue a los dos días, llevándose su hidrocefalia, liberándonos
de tener que verla sufrir y de la esclavitud imperturbable
de empujar una silla de ruedas para siempre.
En ese momento quise partir con ella. Pero ahí estaban…,
Daya y mi marido, mirándome con ojos apagados
por el sorpresivo desenlace.
Afortunadamente, todo pasa y se supera.
Entregada simple y plenamente a este pasaje transitorio
por un mundo de mentira, pero al mismo tiempo tan divertido!
La Vida es lo que cuenta.
Estos últimos tres años disfrutamos de Dylan,
el primer hijo de Daya. Este año llegó la niña, June Alaya.

Profesión

Al llegar a la adolescencia, no sabía hacia dónde ir, ni por qué.
Participaba de cursos para llenar el tiempo.
Aprendí idiomas en diferentes países y también experimenté
ser modelo, actriz, cantante.
Un día quise entender quién soy, como son las personas
y con toda decisión comencé y terminé la carrera de Psicología
pensando que allí encontraría las respuestas.
Dieciséis horas al día de clases y cursos.
No solo en la Universidad, también cursos privados para estudiar
Psicoanálisis (Freud y Lacan), Gestalt (Fritz Pearl, Essalem,
Adriana Schnake), Psicodrama Psicoanalítico (Moreno-Pavlosvsky),
Dinámica de Grupos. Consulta Centrada en la Persona (C. Rogers).
Sumando a esto mis propias sesiones privadas de terapia
individual y en grupos.
Finalmente me gradué de Licenciada en Psicología.

Sin embargo, mis propósitos fueron interrumpidos abruptamente.
Me encontraba entonces en Buenos Aires,
(nací y me crié en Corrientes, Nordeste de Argentina),
pero en cuanto los integrantes del gobierno militar encabezado
por Videla se apoderaron del poder por la fuerza, ordenaron
el secuestro indiscriminado de personas inocentes y uno de
los primeros 'desaparecidos' fue mi Psicoanalista, Pancho,
que no regresó jamás. Como tantos miles de argentinos...
Supongo que la gente que vio caer las torres gemelas en Nueva York
habrá sufrido un shock similar, la misma sensación
de desprotección, de inseguridad, de pánico.
Nada a que aferrarse...

Destino Ibiza

Con Carlos y Daya vinimos a Europa en un crucero del que no
queríamos bajar, alejándonos del horror de mi país.

Barcelona

Un día en un pintoresco restaurante del barrio chino, conocimos a dos hippies, llenos de flores y colores. Vivían en la isla de Ibiza y sus vivencias nos resultaban tan especiales mientras les escuchábamos extasiados.

Era martes, el jueves salía el próximo barco. En el cristal del coche pusieron un papel que decía: *Destino Ibiza*. Yo saltaba de alegría como una niña, sintiendo que era como un indicador de que algo importante estaba sucediendo y así fue.

Estos años han pasado casi como un silbido, tan intensos, tan plenos.

La Vida me mostró sus diferentes rostros, en variados episodios de una película con final aun por descubrir.

Me considero una oportunista de la Vida y la oportunidad más grande que tengo es la de vivirla intensamente y como más me place; si es posible...

La búsqueda interior

Cuando mi hija Jazmín murió no entendía nada, estaba traumatizada.

Primero 'desapareció' mi analista, al año de llegar a Ibiza nos dejó mamá, a continuación, la bebé.

Me encontraba dolorida, confusa en el influjo de los latigazos de un tiempo huracanado.

Una amiga me sugirió que aprendiese a Meditar y me llevó a comprar un libro y a los cinco días de practicar el silencio con total devoción, comencé a sentirme feliz.

Fue como un milagro para mí.

Meditaba de madrugada y antes de dormir.

Volví a cantar mientras pedaleaba veloz en mi bicicleta, dormía como un angelito.

Me parecía pura magia.

Con todo entusiasmo se lo comentaba a la gente incitándolos a que mediten, pero a nadie parecía interesarle.

Cuanto más tiempo pasaba,
más anhelaba entender ese nuevo mundo,
esa sutileza, ese delicado misterio que tanto me intrigaba.
Entre en una especie de "delirio" espiritual.
Leí, probé, practiqué, me sumergí en disciplinas milenarias,
Taoísmo (mi esencia), Budismo Zen, Advaita...
Conocí Maestros, guías, métodos.
Participé de rituales con shamanes tomando un té de plantas del
Amazonas, una sustancia para 'alcanzar' a Dios.
Indagué en variadas técnicas ortodoxas y alternativas,
Relaciones Sistémicas de Hellinger, Tantra, técnicas de Respiración
Consciente, Hipnoterapia, Yoga, Renacimiento, Maestría de Reiki,
Katzugen Undo, Meditaciones Terapéuticas...

Necesitaba aliviar el sufrimiento y poder vivir con alegría.
Haciendo lo que podía, igual que tú,
probando los infinitos néctares
y también bebiendo de la copa de la amargura.

Recorrí el mundo buscando entender.
Viví con mi familia en India los inviernos de Europa
visitando ashrams, conociendo maestros.
A Ramesh Balsekar lo conocí en Mumbai, en su piso y fue a través
de quién se abrieron para mí los portales de la Claridad.
Con Osho aprendí a celebrar y a amar la Vida.
Su ashram es como un paraíso.
Seguí la senda de Lao Tsé, Chuang Zu, Nissargatha Maharaj ...
Junto a una larga lista de seres despiertos y maestros
que iluminaron mi camino. Mi gratitud está siempre con ellos.
Anhelaba saber cómo eran las cosas, entender nuestra Naturaleza.

Finalmente la Vida fue generosa conmigo y me dio las respuestas.
La experiencia de claridad trae certeza y nos libera.
El Amor a la Vida es mi gasolina y el único poder que tengo.
Ahora ya no tengo más preguntas, solo agradecimiento.
El tesoro se encontraba en el fondo del jardín.

Aquí
    En mí
        En la vida

A través de mi búsqueda y experiencia interior,
de los incontables aprendizajes y prácticas,
he encontrado las claves para desarrollar mi propio sistema
de trabajo espiritual, para la mente y el alma.
Es un proceso simple y poderoso que cualquiera puede hacer
en el intento de estar en paz y disfrutar
de una consciencia pura y cristalina.

El hoy
Todos tenemos un Viaje por realizar.
De cuando en cuando el Destino parece incuestionable
y se convierte en dirección señalada, la Vida juega contigo,
es tu aliada. Otras veces la existencia desvanece tus intenciones,
desmonta tus planes, hay confusión, la espera se hace interminable.

Pasa de todo en el escenario y no siempre es grato.
Pero aun en esas circunstancias,
lo que me alimenta y mantiene mi alegría,
es este profundo Amor a la Vida que supera cualquier otro amor.
Hoy solamente necesito lo que la Vida me ofrece, con eso me basta.
Es fácil, es simple, e infinitamente más rico que antes
cuando luchaba por conseguir lo que quería.
¿Sabes por qué? Porque lo nuevo es inesperado, fresco,
hay sorpresa, despierta el interés.
Como cuando miras una película que aun no has visto
y no sabes que sucederá.

Me gusta sentir que soy todo y soy nada, así, sin definirme.
Una flor más entre tantas flores del jardín de la existencia.
Como tú, como todos los demás.
En este mundo que compartimos, en el mismo tiempo sin tiempo,
en el mismo espacio, en la misma luz.

Con iguales dolores, penas y alegrías.
Con los mismos deseos e ilusiones.
Mi Vida, la tuya, la de los demás, son singulares.
Pero en el fondo, tan parecidas en los sentimientos, en las vivencias,
que si oyésemos todas las voces a la vez,
se escucharía una sola historia
un solo llanto
una misma risa
una única voz...

❚❚

Espero que mis conclusiones volcadas en este libro,
sirvan para tocar tu Corazón y sean un bálsamo para tu Alma.
Te transmito mi experiencia,
lo que a mí me ha servido de todo lo que he recibido,
para comprender y salir del pozo de la amargura
y así poder amar la Vida tal cual es.

Si consideras que en algo he contribuido a tu claridad interior
y que el libro resuena en ti y vale la pena leerlo,
recomiéndalo a tu gente,
regálaselo a los que aprecias.

Construyamos juntos un mundo de amor y belleza.

· ☆ ·

▋ CONTACTO

Gracias por leer mi libro...
Si quieres contactar conmigo para consultas, sesiones privadas
por teléfono o en persona,
o para organizar en donde resides retiros, talleres
o la formación de VIVIR EN LA BELLEZA, me escribes a:

kaladelsol@gmail.com

Encontrarás más información acerca de mis cursos de formación
y programas en mi página web:

www.kaladelsol.com

*Mis páginas de Facebook, blog, Twitter:

http://www.facebook.com/pages/Kala-del-Sols-A-VISION-OF-BEAUTY-The-
Book/294177365738

http://www.facebook.com/kala.delsol1
http://www.facebook.com/group.php?gid=174690941422
http://www.facebook.com/home.php#/group.php?gid=233580083108

https://twitter.com/#!/kaladelsol

✮ ...Que la alegría de la Vida sea la Luz que te guíe... ✮